4·15
부정선거
비밀이
드러나다

이번 대선도
위험하다

4·15 부정선거 비밀이 드러나다

이번 대선도
위험하다

김형철 지음

돌실대추나무

누가 대통령으로 선출되건 간에
그 절차는 투명하고
공정하고 자유로워야 합니다

2016년 이후 대한민국은 정상이 아닙니다. 정상에서 벗어나도 너무 벗어나 있습니다. 언론은 국정농단과 적폐청산을 쏟아냈고, 성난 시민들은 촛불을 들었습니다. 그로인해 2017년 박근혜 대통령은 탄핵을 당했고, 문재인은 대통령에 당선되었습니다. 그 이후 2018년 6·13 지방선거에서 더불어민주당은 싹쓸이 수준의 승리를 했고 2020년 4·15 총선에서도 더불어민주당과 더불어시민당은 과반을 훨씬 상회하는 180석이라는 경이로운 압승을 거두었습니다.

그런데 문재인이 만들어 준 '한 번도 경험해 보지 못한 나라'에 살게 된 국민은 촛불을 높이 들었던 자신의 행동을 후회하고 있습니다. 태극기를 든 어르신들은 코로나를 이유로 광화문 광장 출입을 차단당했는데, 민노총은 정부의 만류에도 불구하고 예고했던 대규모 집회를 기어코 강행했습니다. 현 집권세력과 그 추종자들이 이처럼 무소불위의 힘을 발휘할 수 있는 배경은 무엇일까요? 그 해답은 지난 50년 세월 속에 녹아 있습니다.

1970년대 유신이 선포되자 운동권은 격렬하게 군사정권에 항거했습니다. 박정희 대통령이 그가 임명한 중앙정보부장(지금의 국정원장)의 손에 사라지고 그 뒤를 이어 전두환 정권이 들어서자 운동권은 더욱 거세게 밀어붙여 1987년 체제를 이루어 냈습니다. 그들이 만들어낸 5년 단임의 직선 대통령제는 대통령을 꿈꾸던 김영삼, 김대중, 김종필이라는 3김을 위해서 만들어 낸 시대적 합작의 산물일 것입니다.

김영삼의 뒤를 이어 김대중과 노무현 두 명의 대통령을 배출함으로써 운동권 세력은 30년 투쟁의 결실을 맛보게 되지만 곧이어 이명박 · 박근혜 정권의 9년 혹한의 시기가 찾아 왔습니다. 그들은 그 기간 동안 정권을 되찾아 오면 절대로 놓치지 않으리라는 각오와 함께 보수세력을 괴멸시키는 큰 그림을 그리기 시작합니다. 정상적인 방법으로 정권을 찾아온들 10년 이상 정권을 유지하기 어렵다는 한계를 절감한 그들은 정상적인 선거로 정권을 이어가는 듯이 보이지만 사실은 미리 그 결과를 만들어 놓고 하는 게임과 같은 현실을 설계합니다.

지난 4 · 15 총선에서 그들은 여론조작과 사전투표와 전자개표기가 뒤엉켜 유권자를 현혹시키는 게임을 벌였습니다. 그리고 대법원을 장악하여 선거소송을 지연시키면서 선거관리위원회에 유리하도록 선거소송을 끌어갑니다. 4 · 15 총선 당시 중앙선거관리위원장이었던 권순일은 퇴직 후 이재명 전 경기도지사가 깊숙이 개입된 화천대유의 고문직을 맡아 고액의 급여를 받았습니다. 권순일은 당선무효소송에서 이재명을 기사회생시켜준 대법관이었습니다. 4 · 15 총선은 현 집권세력과 중앙선거관리위원회와 대법원이 공모한 끔직한 범죄입니다.

부정선거를 통한 장기집권의 마지막 화룡점정은 언론을 장악해서 집권 세력에게 유리한 것만 보도하게 하는 것입니다. 이명박 · 박근혜 대통령에게 정권을 빼앗겼던 운동권 세력들이 9년이라는 시련의 세월을 겪으면서 이런 계획을 세워서 실천에

옮기지 않았다면 그들은 바보였거나 얼치기 우파인사들보다
더 무능한 사람들이었을 것입니다.

이명박 정부 때의 미국산 쇠고기 광우병 파동과 박근혜 정부
때의 세월호 사건은 소수 좌익·좌경분자의 선동이 대규모 군
중동원으로 이어진 민중봉기의 시험무대였습니다. 이 시험의
성과가 입증되자 대통령을 탄핵시켜서 정권을 되찾아 왔고, 이
제 영구 집권으로 향하는 문을 열려고 하고 있습니다. 이것은
총 대신 표(ballot)를 이용한 합법을 가장한 쿠데타입니다. 그래
서 혹자는 2022년 대통령 선거가 대한민국에서의 마지막 대통
령 선거가 될 것이라고 예측하고 있습니다.

2022년 대통령 선거를 눈앞에 두고 있습니다. 누가 대통령으
로 선출되건 간에 그 절차는 투명하고 공정하고 자유로워야 합
니다. 선거는 자유민주주의 국가에서 국민이 주권을 행사하는
가장 중요한 국가 의사결정 과정이기 때문입니다. 자유 대한민
국을 지켜주는 마지막 두 가지를 꼽으라면 단연 국가안보와 민
주적인 선거가 될 것입니다. 선거를 관리하는 공무원들이 선거
에 관한 모든 것을 결정하고 재단할 수 있다면 그것은 군인이

총구를 돌려서 쿠데타를 일으키는 것과 조금도 다를 바가 없습니다.

4·15 총선의 부정선거 전모가 밝혀지고, 다가오는 2022년 대통령 선거가 공정하고 투명하며 자유로운 가운데 절망에 빠진 대한민국을 올바른 방향으로 이끌 훌륭한 지도자를 뽑는 구국의 계기가 되기를 소망하면서 이 책을 국민 여러분께 바칩니다.

2021년 11월

저자 **김형철**

의혹을 음모론이라 비난하고 공격해왔던 정치인들과 오피니언 리더들에게 이 책을 권합니다

김형철 장군을 처음 알게 된 것은 사전투표에 사용되는 QR코드를 설명하는 어느 한 유튜브 방송을 통해서였다. 생소한 주제를 쉽고 논리 정연하게 다룬 동영상이라 여러 지인들에게 공유를 했었다. 그 몇 달 뒤 적폐청산이란 이름의 수사와 재판으로 모진 고초를 겪고 있는 고령의 전직 국방부장관을 위로하는 조촐한 어느 자리에서 김 장군을 발견하고 깜짝 놀랐던 기억이 생생하다.

나중에 지인으로부터 전해듣기로는, 전투기 조종사 출신으로 공군사관학교 교장을 끝으로 예편한 후 낙향해서 조용히 생활하던 중에 가까운 전우 이재수 장군의 안타까운 죽음을 접하고 일선으로 다시 나오게 되었다고 한다.

국민들이 재판 결과에 따라 담당 법관이 속한 단체와 출생 지역을 짐작하는 시대, 헌법기관인 선거관리위원회가 북한의 선거제도를 허위로 미화하고 전체주의 국가의 지도자들을 홍보하며, 투표로 민생파탄을 막아달라는 야당의 현수막 문구는 금지하면서 투표로 친일을 청산하자는 여당의 시대착오적인 문구는 허용하는 시대가 아니었다면 결코 닿지 않았을 인연일 것이다.

지금 이 시대는 훗날 역사에 어떻게 기록될까? 한반도에서 유일했던 70년 자유민주주의 국가가 그 체제의 산물이자 수혜자인 법관들의 직무유기와 주권자들의 방관으로 인해 스스로 종말을 고한 시대로 기록될 것인가? 아니면, 끝내 굴복하지 않은 소수의 깨어있는 국민에 의해 체제가 지켜진 기적의 역사로 기록될 것인가?

만약 후자라면 그것을 가능하게 한 진정한 주인공은 이 책의 저자인 김형철 장군, 그리고 지금까지 1년이 훨씬 넘는 기간 동안 유튜브에서, 길거리에서, 대법원에서, SNS에서 한결같이 진실규명을 외쳐온 자유시민들의 차지가 되어야 한다.

부정선거 의혹을 제기하는 국민들을 향해 음모론이라 비난하고 공격해왔던 사람들, 특히 정치인과 오피니언 리더들에게 이 책을 권한다. 더불어 그들에게 선거의 무결성은 정치인 개인이나 정치세력의 전유물이 아니라 국민주권의 문제이자 헌법상 기본권의 문제라는 것을 경고하고 싶다.

우리 민족이 다시는 종의 멍에를 메지 말게 해달라는 건국대통령의 기도가 이 책을 통해 이루어지기를 간절히 바란다.

2021년 11월

변호사 하은정 · 유정화 · 이동환

Contents | **차례**

제Ⅲ장
재검표에서 밝혀진 부정선거의 증거들

제IV장
10가지만 바꾸면 선거가 바뀌고
나라가 바뀝니다

부 록

제 I 장

"지금 세상에
부정선거가 어디 있어?"
하시는 분들께

01

부정선거를 외면하는 사람들

대한민국은 3 · 15 부정선거가 촉발한 4 · 19의
거라는 엄청난 역사를 가지고 있다. 3 · 15 부정선거의 주모자
들은 5 · 16혁명 이후 군사재판소로 이관되었다. 1961년 7월
29일 첫 군사재판이 시작되어 9월 20일 최인규(당시 내무부장관),
이강학(당시 치안국장), 한희석(당시 자유당 기획위원장)에게 사형이
선고되었고, 12월 6일 항소심에서 최인규, 한희석에 대한 사형
이 확정되어 12월 21일 서울형무소(서대문 교도소)에서 최인규는
형장의 이슬로 사라졌다.

이런 역사를 알고 있기에 "지금이 어떤 세상인데, 부정선거라
니?" 라고 생각하는 사람들이 꽤 많다. 그러나 생각해 보면
1960년대와 지금이 달라진 것이 무엇인가? 그때보다 좋은 집
에서 살고, 집집마다 컬러 TV, 냉장고, 세탁기 등 가전제품이

있는 것, 그리고 자가용을 타고 개인들 모두가 손에 휴대전화를 들고 다니는 것 이외에 지금의 우리가 1960년대 선배 세대보다 더 나아진 것이 무엇이 있을까?

1960년대는 못 먹고 못 살았지만 오늘보다 더 나은 내일을 위해서 열심히 공부하고 열심히 일했던 시기였다. 당신들은 못 배웠지만 자식만큼은 잘 되라고 자식 교육에 모든 것을 바친 부모님 세대의 희생과 헌신으로 지금의 대한민국이 만들어졌다. 그런데, 2021년의 대한민국은 어떠한가? 자식을 버리고 이혼하는 가정이 부지기수이고 그 버려진 자식을 키워준 할머니를 손자가 살해하는 끔찍한 지옥으로 변했다. 그런데 "지금이 어떤 세상인데?"라는 자신만의 잣대로 "21세기 대한민국에 부정선거는 없다."라는 확신을 갖고 있는 사람들을 보면 도대체 어느 별나라에서 온 사람들인지 묻지 않을 수 없다.

우리는 분명히 알아야 한다. "지금이 어떤 세상인데?"를 외치는 사람들 대부분은 소위 우파 지식인들이다. 젊지만 구태만 배운 못된 정치인, 유튜브 방송을 하면서 우파를 대표한다고 착각하는 못난이들, 술 취해서 성희롱을 한 까닭에 자취를 감춘 대학교수 등 이런 부류의 사람들이다. 부정선거를 부정하는 세력 중에 좌파인사는 없다. 기껏해야 좌파에서 전향했다고 하는 자들만이 연일 "부정선거에 매몰되면 정권교체는 없다."고 엄포를 놓고 있다. 왜 좌파 정치인, 좌파 언론인, 좌파 오피니언 리더들은 부정선거에 대해서 함구하고 있는 것일까?

좌파 정치인과 오피니언 리더들이 '부정선거는 없다' 라는 말을 꺼내기 시작하면 부정선거의 전선이 '좌익' 대 '우익' 으로 옮겨가게 된다. 즉 진영 싸움이 되는 것이고, 이것을 그들은 가장 두려워하고 있다. 지금의 상황은 자기들이 나서지 않아도 우파의 똑똑한 바보들이 '부정선거는 없다' 는 주장을 펴며 자기들이 나서야 할 전선보다 저 만치 앞서서 전선을 펼치고 있다. 그래서 '부정선거' 를 주장하는 사람들은 소수이고 음모론자로 매도되고 있는 상황이다.

이제 "지금이 어떤 세상인데?"를 외치는 똑똑한 바보들은 정신을 차리고 자신의 아집과 편견에서 벗어나 현실을 직시하기 바란다. 지금이 도대체 어떤 세상인데 대장동 개발 비리 같은 사건이 일어날 수 있는가? 그것은 우리가 1960년대에서 한 발짝도 전진하지 못했다는 것을 단적으로 보여주는 하나의 사례일 뿐이다. 권순일을 보라! 그는 대통령을 꿈꾸는 이재명을 선거법 위반이라는 불지옥에서 구해준 대법관이었고, 4·15 총선 관리에 가장 큰 책임이 있던 중앙선거관리위원장이었다. 권순일이 정말로 화천대유에 대해서 아무 것도 모르고 고문을 맡았겠는가?

02

세계 도처에서 일어나고 있는
부정선거 사례들

우리나라에서 일고 있는 부정선거에 대한 편견과는 달리 많은 국가들은 부정선거로 몸살을 앓고 있다. 권력이 있는 곳에 부정선거는 뿌리칠 수 없는 유혹이다.

2017년 이후 대선 및 총선에서 부정선거 의혹이 크게 보도된 나라는 아프리카의 케냐, 민주콩고, 말라위와 남미의 볼리비아, 유럽의 벨라루스, 중앙아시아의 키르기스스탄 등이고, 심지어 미국에서도 2020년 11월 3일 치러진 대통령선거의 부정선거 의혹은 현재까지도 진행 중에 있다.

아프리카 남부의 말라위에서는 2019년 5월 치러진 대선에서 무타리카 현직 대통령이 3% 포인트 차이로 승리해 재선에 성공했다. 하지만 곧 이어 부정선거 논란에 휩싸여 말라위 헌법

재판소와 대법원은 대선 무효 결정을 내렸다. 재선거는 2020년 6월 23일 치러졌고, 야당 대표였던 라자루스 차퀘라 후보가 현직 대통령을 물리치고 당선되었다. 아프리카에서 사법부의 결정으로 치러진 재선거에서 현직 대통령이 패배한 것은 이번이 처음이다.

말라위 정권교체
(좌) 전 대통령 피터 무타리카
(우) 현 대통령 라자루스 차퀘라

[그림 1-1] 아프리카 말라위의 전ㆍ현직 대통령

반면 유럽 벨라루스는 2020년 8월 9일 치러진 대통령 선거에서 현직 대통령 루카셴코가 승리하여 27년째 장기집권을 이어오고 있다. 그러나 부정선거 의혹이 제기되면서 대통령 퇴진을 요구하는 시위가 발발하여 시위대는 최고 20만 명 규모에 이르렀으나, 경찰의 강제진압과 체포 등으로 저항의 강도는 점차 줄어들고 있는 상황이다.

[그림 1-2] 유럽 벨라루스의 루카셴코 대통령

국가(선거) 시기	야권의 반발	국민적 저항	사법부/선관위 개입	결과
케냐(대선) 2017. 08. 08.	강력 반발	강력 저항	대법원 선거무효 판결	재선거 (정권유지)
민주콩고(대선) 2018. 12월	반발 미미	저항 미미	미개입	변화 없음
말라위(대선) 2019. 5월	강력 반발	강력 저항	헌재/대법원 선거무효 판결	재선거 (정권교체)
볼리비아(대선) 2019. 10월	강력 반발	강력 저항	미개입	대통령 사임 재선거
벨라루스(대선) 2020. 08. 09.	강력 반발	강력 저항	미개입	변화 없음
키르기스스탄(총선) 2020. 10. 04.	강력 반발	강력 저항	중앙선관위 선거무효 결정	대통령 사임 재선거

[표 1-1] 6개 국가의 부정선거 사례 분석

부정선거는 구시대의 유물이 아니다. 어쩌면 더 많은 국가에서 부정선거가 저질러지고 있는지도 모른다. [표 1-1]은 미국을 제외한 6개 나라의 부정선거 사례를 분석한 표이다. 이를 통해서 ① 야당과 국민이 부정선거 의혹을 제기하면서 강력히 저항하지 않는 한 부정선거 의혹은 밝혀지기 힘들고, ② 사법부 또는 중앙선거관리위원회가 적극 개입하여 선거무효를 선언하지 않으면 부정선거가 인정되기 어렵다는 점을 알 수 있다.

우리나라의 경우, 지난 4·15 총선의 부정선거 의혹에 대하여 최대 피해자이자 야권의 중심 정당인 국민의힘당이 전혀 반발하지 않고 있으며 국민적 저항도 미미한 상태이다. 여기에 중앙선거관리위원회는 자신들이 저지른 잘못을 덮기 급급하고, 대법관들은 중앙선거관리위원회를 보호하는 기관처럼 행동하고 있다. 따라서 4·15 총선의 부정 의혹을 밝히는 것이 쉬운 일은 아닐 것이다. 그럼에도 불구하고 부정선거를 밝히지 못한다면 아프리카, 중남미 또는 중앙아시아의 정치 후진국보다도 더 못한 나라가 될 것이라는 우려와 함께 자유민주주의 체제를 잃을 수 있다는 절박함 속에서 일부 자유시민들만이 부정선거를 외치며 2022년의 대통령 선거를 염려하고 있다.

03

대한민국의 현행 선거 시스템

"지금 세상에 부정선거가 어디에 있어?" 라고 생각하는 분들은 그만큼 우리나라의 선거 시스템에 대한 이해가 부족한 사람들이라고 본다. 그들은 전국이 네트워크로 연결되어 있어서 어디서나 투표를 할 수 있고, 전자개표기(중앙선거관리위원회는 '투표지분류기'로 칭함)에 이어 계수기로 재확인하고 또다시 개표사무원들이 수검표로 확인한 후에 구·시·군 선거관리위원들이 도장을 꽝꽝 찍으면서 삼중·사중으로 개표결과를 확인하는데 무슨 부정선거냐고 생각하고 있을 것이다. 그리고 "여론조사 결과가 얼마나 정확한데?" 라면서 부정선거를 주장하는 사람들을 음모론자로 여긴다.

그렇다면 과연 이들은 우리나라 선거 시스템에 대하여 얼마나 알고 있을까? 관내사전투표와 관외사전투표가 어떤 절차로 이루어지는지를 잘 알고 있는 국민은 극소수일 것이다. 우선 현행 선거 시스템에 대하여 간략히 살펴보고 부정선거는 어떤 방식으로 이루어지는지에 대하여 살펴보기로 한다.

3.1 투표 시스템

투표는 크게 사전투표와 선거일투표로 나눌 수 있다. 선거일투표는 선거일에 유권자 별로 지정된 투표소에서 [그림 1-3] 모양의 인쇄된 투표용지를 받아서 투표하는 시스템으로 투표 종료 후 투표함은 개표소로 이동되어 개표하는 비교적 간단한 절차로 수행된다. 이에 비해 사전투표는 선거일투표에 비하여 절차가 복잡하고 전산장비가 동원된다. 4 · 15 총선 이후 많은 의혹은 사전투표에서 발생하였다.

사전투표는 선거인이 별도의 신고 없이 사전투표 기간 동안 사전투표소에서 투표할 수 있는 제도이다. 기존의 부재자투표와는 달리 별도의 사전신고 절차 없이 선거권이 있는 모든 유권자는 정해진 사전투표일(선거일 전 5일부터 2일간으로 금, 토요일)에 전국 모든 사전투표소에서 투표할 수 있다. 사전투표소는 선거구의 모든 읍 · 면 · 동에 1개씩 설치된다. 과거 부재자투표 시

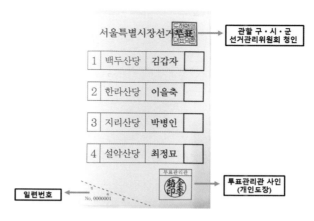

[그림 1-3] 선거일투표용지 형태

사전에 부재자 신고를 해야 등기우편으로 발송되던 투표용지
도 사전투표소에서 인쇄되어서 교부된다.

중앙선관위는 외국의 경우에는 지정된 투표소에서만 사전투표
를 실시하는 반면, 우리나라는 전국 어디에서나 투표할 수 있다
는 것을 장점으로 꼽고 있다. 유권자의 투표 편의와 투표 참여를
높이기 위해 2013년도 상반기 재·보궐선거에 처음 실시되었고,
2014년 제6회 전국동시지방선거부터 전국적으로 실시된 사전투
표제도는 이후 꾸준히 사전투표율이 증가하고 있다. 2014년 이
후 치러진 전국 단위 선거에서 사전투표율은 [표 1-2]와 같다.

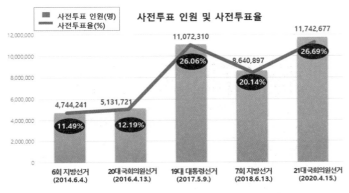

[표 1-2] 역대 선거별 사전투표 현황

사전투표 시스템은 [그림 1-4]와 같다. 사전투표소에 들어선 유권자는 우선 본인 확인을 위해서 자신의 신분증을 제출한다. 신분증을 본인확인기에 삽입하면 명부단말기를 거쳐 선거전용 통신망을 통해 중앙선거관리위원회의 통합선거인명부 서버와 연결된다.

통합선거인명부 서버는 선거인이 관내사전투표 대상인지 관외사전투표 대상인지를 판단하여 선거인의 투표정보를 투표소 명부단말기로 전송한다. 통합선거인명부 서버에서 보내온 선거인의 투표정보에 따라서 관내사전투표의 경우에는 투표용지만 출력하고 관외사전투표의 경우에는 투표용지와 회송

용봉투를 출력한다.

[그림 1-4] 사전투표 시스템

사전투표용지는 [그림 1-5]와 같은 형태로 엡손 TM-C3400 프린터에 의해 출력된다. 사전투표용지에는 출마한 후보자의 정당과 후보자 성명 외에 상단에는 관할 선거관리위원회의 붉은색 청인이, 하단 사전투표관리관 란에는 해당 사전투표소의 사전투표관리관 도장이 출력 된다.

하단 우측에는 QR코드가 출력 되는데, 공직선거법에는 막대 모양의 기호인 바코드를 사용하도록 되어 있지만, 중앙선거관리위원회는 QR코드 사용을 고집하고 있다. 공직선거법은 바코드에 선거명, 선거구명, 관할 선거관리위원회명과 일련번호만을 담을 수 있도록 제한하고 있다.

지난 21대 총선에서는 QR코드에 31자리숫자로 위 4가지 정보를 담았는데, 일련번호는 국회의원 선거구 내의 선거인이 투표용지를 출력 받는 순서대로 부여된다. 즉 관내와 관외 사전투표를 통합하여 해당 선거구의 유권자가 사전투표용지를 발급

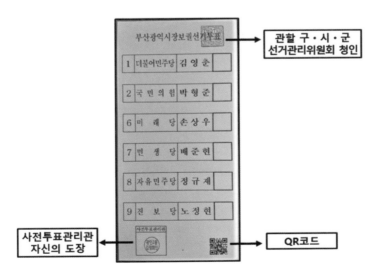

[그림 1-5] 사전투표용지 형태

받는 순서대로 일련번호가 주어지는 것이다.

관내사전투표는 해당 선거구의 읍 · 면 · 동 별로 1개씩 설치되는데, 선거인은 자신의 거주 주소와 관계없이 해당 선거구 내에 설치된 모든 사전투표소에서 사전투표를 할 수 있다. 관외사전투표는 자신의 선거구를 벗어난 지역에서 사전투표를 하는 것으로 자신의 선거구 외 모든 사전투표소의 관외사전투표 라인에서 투표할 수 있다. 유권자가 투표용지에 기표한 후 회송용 봉투에 담아서 투표함에 넣으면 자신의 선거구 선거관리위원회로 우편을 통해서 배송된다.

사전투표와 선거일투표 외에도 거소 · 선상투표와 국외부재자 투표 등이 있으나, 이 책에서는 다루지 않기로 한다.

3.2 투표 완료 후 투표함 봉인 및 투표함 보관

투표가 끝난 관내사전투표함은 투표참관인 참관 하에 투표함을 봉인하고 해당 선거관리위원회로 옮겨서 CCTV가 설치된 청사 내 별도 장소에 보관된다. 중앙선거관리위원회는 [그림 1-6]과 같이 선거종합상황실 내에 설치된 통합관제센터에서 전국의 관내 사전투표함 보관 상황을 24시간 모니터링 한다고 한다.

공직선거법 제168조에는 투표함의 봉인 절차를 규정하고 있지만, 투표함 봉인은 허술하기 짝이 없고, 투표함을 개함하기 전에 투표함 봉인지의 서명 확인절차도 매우 형식적이어서 투표함 보관 및 관리에 대한 우려가 증폭되고 있다. 투표함 봉인 시에 참관인이 서명한 서명과 개표소에서 개함 전에 확인한 봉인지의 서명이 다른 경우가 있었고, 투표함을 감시하는 CCTV 감시체계도 전적으로 신뢰하기 어려운 상황이다.

[그림 1-6] 중앙선거관리위원회 CCTV 통합관제센터

우편으로 배송되는 재외·거소·선상·관외사전투표지는 구·시·군 선관위 내에 비치한 우편투표함에 투입된다. 투표함을 처음 비치할 때, 투표함 투입구를 정당 추천 위원이 봉쇄·봉인하고 매일 우편투표함에 투입할 때마다 정당 추천 위원의 참관 하에 봉인을 해제하고 완료되면 다시 봉인한다고 하

는데, CCTV 등 아무런 감시체계도 갖추고 있지 않아서 투표함 보관·관리가 매우 부실하다.

3.3 개표
공직선거법은 개표사무를 구·시·군 선거관리위원회가 하도록 규정하고 있다. 이에 따라 3,508개 사전투표소에서 투표를 마친 후 각급 선거관리위원회가 보관하고 있던 사전투표함과 14,330여 투표소에서 투표를 마친 선거일의 투표함이 구·시·군 선거관리위원회의 개표소로 모인다. 따라서 개표소는 체육관과 같이 넓은 장소에 마련된다.

이 같이 집중(통합)개표를 하는 이유에 대하여 중앙선관위는 헌법상 독립기관이자 합의제 의결기관인 구·시·군 선관위의 관리·통제가 필요하고, 개표과정에서 이의가 제기되거나 유·무효 판단이 곤란한 투표지는 결국 구·시·군 선거관리위원회의 의결로 처리해야하기 때문에 집중개표를 할 수밖에 없다는 입장이다. 또한 구·시·군 선관위는 재외선거 개표와 사전투표 개표 등을 위하여 개표소를 운영할 수밖에 없다고 한다.
투표를 마친 투표함이 개표소로 모이는 장면([그림 1-7])과 집중개표가 이루어지는 개표소의 모습([그림 1-8])은 철저한 개표관리의 모습과는 상당히 거리가 있어 보인다. 이와 같은 집중개표 시스템에 따라 구·시·군 선거관리위원회의 개표소로 모이는 투표지 수는 국회의원 선거를 기준으로 평균 23만 표 정도이다. 이렇게 많은 투표지를 개표해야하기 때문에 전자개표기가 운영되고 있다.

투표함이 열리면 투표지는 투표지분류기로 불리는 전자개표기를 통과하면서 후보자별로 분류된다. 이후 계수기와 개표사무원의 육안 확인을 거친 투표지는 후보자별 100장 단위로 묶이고, 투표함별로 작성된 개표상황표를 선거관리위원회 위원들이 확인하고 날인한 후 개표 결과가 공표된다.

[그림 1-7] 투표를 마친 투표함을 개표소로 이동하는 모습

[그림 1-8] 집중개표소의 개표 장면

04

부정선거 시스템의 실체

4·15 총선이 부정선거라고 어떻게 확신할 수 있을까? 그것은 다음의 제2장과 제3장에서 제시할 각종 의혹과 증거를 통해서 입증될 것이다. 우리나라의 현재 투·개표 시스템은 매우 복잡하다. 특히 사전투표는 누구나 전국 어디에서든 투표를 할 수 있다는 장점은 있지만, 역으로 누구도 정확히 투표자의 신원을 확인하지 않는다는 맹점이 있다. 그리고 무엇보다도 중앙선거관리위원회를 제외하고 그 누구도 정확한 사전투표 인원을 파악하고 있지 않으며, 4박 5일 동안 아무도 감시하지 않는 비공개 장소에 사전투표함을 보관하는 과정에서도 취약점이 존재한다.

사전투표, QR코드, 전자개표기 등이 어우러진 대한민국의 선거시스템은 부정선거를 위해 설계된 Total System이다. [그림

1-9]는 우리나라의 부정선거 시스템의 실체를 단계별로 구분
하여 분석한 체계도이다.

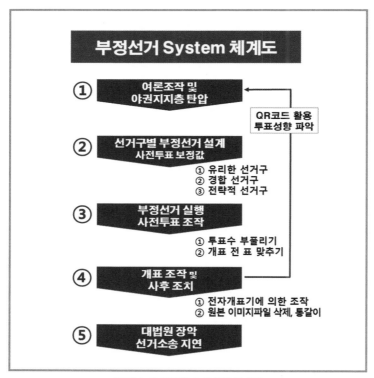

[그림 1-9] 부정선거 시스템 체계도

4.1 제1단계 : 여론조작 및 야권 지지층 탄압

본격적인 부정선거는 2017년 시행된 제19대 대통령 선거 때부

터라고 추정된다. 2017년 대선에서 사전투표 인원은 1,100만 명을 넘었고([표 1-2] 참조), 이는 전체 유권자의 26%를 상회하는 수치다. 이때부터 QR코드를 통해서 1,000만 명 가까운 유권자의 투표성향을 빅데이터로 만들어서 활용하고 있다고 본다. 이런 빅데이터를 여론조사에 활용하면 원하는 여론조사 결과를 만들어 낼 수 있다.

이렇게 만들어진 여론조사 결과는 국민의 투표심리에 큰 영향을 미친다. 확고한 지지성향을 지니지 않은 부동층에게 여론조사 결과는 그들 선택의 기준이 될 수 있기 때문이다.

제2장에서 자세히 설명하겠지만 개표 단계에서 투표지가 전자개표기를 통과하면서 이미지 파일이 생성되는데 이미지 파일에는 일련번호가 들어 있어서 중앙선거관리위원회가 관리하는 '선거인 정보'와 결합할 시 1,000만 명 이상의 사전투표 유권자에 대한 투표성향을 빅데이터로 만들 수 있다. 이렇게 만들어진 빅데이터는 선거를 위한 여론조사에 활용될 뿐만 아니라 독재권력이 국민을 억압하는 유용한 수단으로 사용될 수 있다.

4.2 제2단계 : 선거구별 부정선거 설계

국회의원 선거를 기준으로 전국 253개 선거구가 있다. 지역별 유권자 표심은 각기 다를 것이고, 정확한 여론조사에 의한 지역별 또는 선거구별 여론조사는 부정선거를 설계하는 입장에서 가장 필요한 기초자료가 된다. 이 자료를 바탕으로 전국 253개 선거구는 다음 4개 유형으로 분류될 수 있다.

① 유리한 선거구 : 광주광역시 및 전라남북도 대부분은 현 집권당 더불어민주당의 우세 지역으로 분류된다. 국회의원 선거에 있어서 유리한 선거구에서는 부정선거 없이도 대부분 선거구에서 더불어민주당 후보가 당선될 것이다. 그러나 대통령 선거가 되면 이야기는 달라진다. 전국 모든 곳의 표를 합산하기 때문에 오히려 유리한 선거구에서 더 많은 표를 모아야 한다.

② 경합 선거구 : 수도권, 충청, 강원 등지에서는 여당과 야당 후보에 대한 지지가 엇비슷한 경합 선거구가 나타난다. 이런 경합 선거구에는 약간의 조작으로 여당후보를 당선시킬 수 있다. 유권자 16만 명의 선거구에서 65% 투표율을 가정하면 투표자 수는 대략 10만 명이고 이중 4만 명 정도는 사전투표를

하고 6만 명 정도는 당일투표를 한다. 사전투표자 4만 명에 약 5천~1만 표 정도의 가짜 투표지를 만들어서 투표함에 넣을 수 있다면 경합 선거구에서 여유 있게 여당후보를 당선시킬 수 있다.

③ **불리한 선거구** : 서울 강남 3구, 대구 · 경북, 부산 · 경남 등은 전통적으로 보수 성향이 강한 선거구이다. 이런 선거구에서 여권 후보를 당선시키려면 많은 조작이 필요하다. 자칫하다가는 조작이 들통 날 수도 있다. 그럼에도 불구하고 여권후보를 반드시 당선시키거나 야권후보를 낙선시킬 필요가 있는 선거구는 ④번의 전략적 선거구로 분류된다.

④ **전략적 선거구** : 수도권, 충청, 강원은 물론이고 부산 · 대구와 영남 지역의 선거구에서도 전략적 선택이 필요한 선거구가 있다. 야권후보 중 반드시 낙선시켜야 할 지역구와 여권후보를 반드시 당선시켜야 할 지역구 등 그 대상은 여러 종류가 될 수 있다. 이런 지역구의 투표율은 전국 평균투표율보다 높아질 것이고, 가짜 투표지가 사전투표에 포함된다면 사전투표율 역시 전국 평균 사전투표율보다 높아질 것이다.

이처럼 선거구별 여론조사 결과와 선거구 분류에 따라서 각 선거구의 보정값이 결정된다. [표 1-3]은 전략적 선거구로 추정한 선거구의 선거결과이다. 야당후보 중 반드시 낙선시켜야 할 지역구 또는 여당후보를 반드시 당선 시켜야 할 지역구가 그 대상이며 다량의 추가 표를 만들어서 넣어야하기 때문에 지역구 전체투표율과 사전투표율이 전국 평균치보다 대체로 높다.

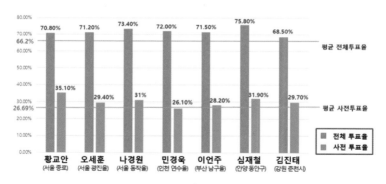

전략적 선거구의 투표율

[표 1-3] 전략적 선거구의 투표율

4.3 제3단계 : 부정선거 실행(사전투표 조작)

선거구별 선거조작의 설계가 완성되면 - 즉 선거구별 보정값이 결정되면 - 설계된 대로 사전투표일에 부정선거를 실행에

옮긴다. 이 단계에서 중요한 거점이 바로 임시선거사무소였을 것으로 추정된다. 9개소의 임시선거사무소가 발견되었지만, 전국 249개 선거관리위원회 인근에 임시선거사무소가 설치되어 부정선거 실행의 거점으로 활용되었을 것으로 추정된다.

중앙선거관리위원회가 사용하는 전용통신망은 [그림 1-10]과 같이 선거전용통신망과 선거정보통신망으로 구성되어 있다. 각급 선거관리위원회는 법에도 없는 임시선거사무소를 임의로 운영했고 임시선거사무소와 해당 선거관리위원회 사이에 선거정보통신망을 설치했다는 것이 밝혀졌다. 문제는 임시선거사무소와 선거관리위원회 사이에 선거전용통신망이 설치되어 있지 않았다는 것을 보장할 수 없다는 점이다. 또는 선거전용통신망과 선거정보통신망 사이의 망 분리를 누군가 고의로 해제하였다면 선거정보통신망을 통해서도 선거전용통신망에 접속할 수 있다. 이러한 경우, 선거정보통신망이 설치되어 있는 임시선거사무소에서 사전투표 기간 중 투표자 수를 부풀리는 것은 그다지 어려운 일은 아니었을 것이다.

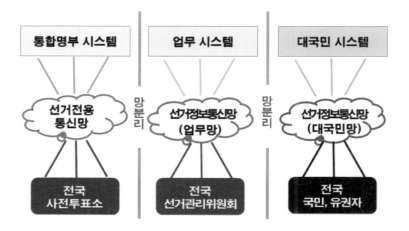

[그림 1-10] 중앙선거관리위원회 전용통신망

선거전용통신망과 연결된 컴퓨터는 선거구별 보정값에 따라서 가짜 관내 및 관외사전투표지를 만들어 낸다. 예를 들어 사전투표 인원을 20% 부풀리는 것으로 보정값이 설계되었다면 실제 사전투표자 4명 당 가짜 사전투표지를 한 장 만들어 낸다. 부록 1 '바실리아TV의 부정선거 검증'에서 대략 220만 표의 가짜 표가 만들어졌을 것으로 검증이 되었고, 총 사전투표자 1,174만 명의 20%는 234만 표이다. 가짜 투표지는 임시선거사무소에서 만들어졌을 수도 있고 또는 별도의 비밀공장에서 만들어졌을 가능성도 있다.

4.3.1 관내사전투표 조작

지난 4·15 총선 관내·외 사전투표 현황은 [표 1-4]와 같다. 사전투표소는 전국적으로 3,508개가 설치되었기 때문에 1개 투표소에서 투표한 관내 사전 투표자 수는 평균 2,570명이 된다. 이중 약 20%가 부풀려진 투표인원이라고 가정하면 1개 투표소의 투표함에 들어갈 가짜 투표지는 514표 정도가 된다. 투표함 별로 정확히 계산된 수량의 가짜투표지가 만들어진 후 사전투표가 종료되어 해당 선거관리위원회에 사전투표함이 보관되는 4일 기간 중 CCTV를 끄고, 투표함에 가짜 투표지를 투입하면.1차 부정선거가 완료된다.

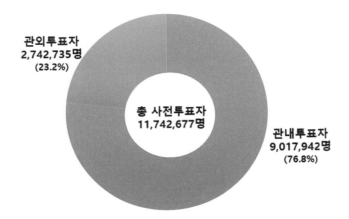

[표 1-4] 4·15 총선 관내·외 사전투표 현황

이것이 가능한 이유는 첫째, 각 투표소에서 투표한 투표자 수는 중앙선거관리위원회만 알고 있는 숫자이기 때문이다. 각 투표소의 투표용지발급기에 투표용지를 발급한 숫자가 나온다고는 하지만 이것을 확인하는 절차도 없거니와, 사전투표소에는 투표용지발급기가 여러 대 설치되어 있기 때문에 여러 대의 투표용지발급기에서 발급된 투표용지 숫자를 합산해 보는 경우도 없다. 이렇게 실제 투표가 이루어지는 사전투표소에서 투표한 인원을 계수하지 않도록 한 것은 중앙선거관리위원회가 사전투표 인원을 통제하기 위함이다.

둘째, 사전투표가 종료된 후 사전투표함이 특수봉인지로 봉인된다고 하지만, 투표참관인과 개표참관인이 대부분 다르기 때문에 봉인할 때 서명한 참관인들이 개표할 때 확인하고 있지 않다. 실제로 4·15 총선 개표 당시 사전투표함 봉인지의 서명이 바뀐 것 때문에 문제가 제기되었지만 중앙선거관리위원회는 이 사안을 유야무야 종결지었다.

셋째, 사전투표함을 보관하는 선거관리위원회 보관장소에 CCTV가 설치되어 있다고는 하지만, 중앙선관위 CCTV 통합관제센터에서만 확인하고 있기 때문에 CCTV 작동을 멈추고 비밀스러운 작업을 한다고 해도 누가 제지하는 사람은 없을 것이다. 그리고 나중에 문제가 되면 CCTV 고장이었다고 하면 그만일 것이다.

자료출처 : 민경욱 전 의원 페이스북 (2020.6.1.)

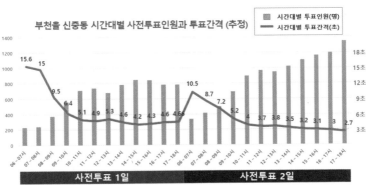

[표 1-5] 부천을 선거구 신중동 일자별/시간대별 사전투표인원과 투표간격 (추정)

이렇게 마구잡이로 사전투표인 수를 부풀리고 가짜 투표지를 생산하여 투표함에 집어 넣다보니 경기도 부천시을 선거구의 신중동 관내사전투표에서 18,210명이 투표한 것으로 집계되었다. 2일에 걸쳐 24시간 동안 사전투표를 했기 때문에 유권자가 매 4.74초마다 투표함에 투표지를 넣었다는 계산이 나온다. 민경욱 전 의원이 제시한 신중동 관내사전투표 현황을 기준으로 시간대별로 투표인원을 계산해 보면 투표자가 가장 많이 몰리는 시간대에는 투표자 간 간격이 2.7초로 줄어든다. ([표 1-5])

4.3.2 관외사전투표 조작

가짜 관외사전투표지를 만들어 낼 경우, 투표를 한 것으로 되어 있는 투표소의 관할 우체국으로 가짜 투표지가 전해져야 한다. 전국에 퍼져 있는 많은 투표소에서 관외사전투표를 한 것으로 가짜 투표지를 만들면 관할 우체국으로 보내는 것이 문제가 된다. 따라서 가짜 관외사전투표지는 해당 선거구와 인접한 사전투표소에서 투표한 것으로 만들어져서 관할 우체국으로 보내져야 한다.

[표 1-6]은 박주현 변호사가 조사한 영등포 선거구의 유권자 중 서울 지역 내에서 관외사전투표를 한 투표자의 분포도이다. 영등포구와 영등포구에서 가까운 구로구, 마포구, 동작구, 용산구 순으로 관외사전투표자가 많다. 영등포 선거구의 관외사전투표 인원 중 영등포구 내에서 투표한 인원이 가장 많다는 것은 매우 흥미로운 결과이다.

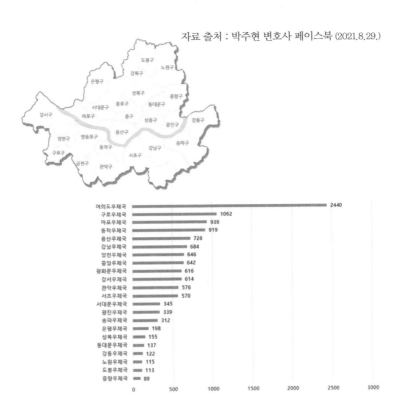

자료 출처 : 박주현 변호사 페이스북 (2021.8.29.)

[표 1-6] 서울 영등포선거구 유권자의 서울 지역 내 관외사전투표 지역 분포

여의도우체국에 접수된 2,440건의 선거우편물은 관할 구역인 영등포 선거구에서 투표한 관외사전투표지이다. 영등포구에 거주하는 유권자가 영등포 선거구에서 관외사전투표를 하려면 영등포갑 유권자는 영등포을 선거구에 마련된 사전투표소를

찾아가서 관외사전투표를 하고, 영등포을 유권자는 영등포갑 선거구에 마련된 사전투표소를 찾아가서 관외사전투표를 해야 한다. 자신의 집에서 가까운 관내사전투표소에서 투표를 하지 않고, 옆 선거구의 투표소까지 찾아가서 관외사전투표를 한 투표자가 이렇게 많은 이유는 무엇일까? 물론 직장 인근의 사전투표소에서 관외사전투표를 한 경우도 있을 것이다. 그러나 박주현 변호사의 분석에 따르면 사전투표 첫째 날인 금요일보다 오히려 둘째 날인 토요일에 관외사전투표가 증가한다. 직장인들은 주 5일제 시행으로 토요일에는 대체로 근무하지 않는다.

관외사전투표의 특성과 [표 1-6]에서 나타난 관외사전투표 인원의 투표장소 분포를 통해 유추할 수 있는 관외사전투표 조작 방법은 ① 가짜 사전투표지를 만드는 장소는 해당 선거구 내의 임시선거사무소 또는 제3의 비밀 장소이며, ② 해당 선거구와 인접한 투표소에서 투표한 것으로 만들어진 가짜 관외사전투표지는 해당 투표소의 관할 우체국으로 전달된다.

4.4 제4단계 : 개표 조작 및 사후 조치

개표과정과 관련하여 전자개표기에 대한 해킹 가능성과 QR코드를 이용한 개표조작 등 밝히기 힘든 주장들도 많다. 이 책에서는 밝히기 어려운 전자방식의 부정선거는 논외로 하고 개표과정의 문제점에 집중하기로 한다.

4.4.1 집중(통합)개표

개표는 공직선거법에 따라 구·시·군 선거관리위원회가 관리한다. 선거일투표가 끝나면 전국에 산재한 약 14,330여 개 투표소의 투표함은 해당 선거관리위원회가 운영하는 251개 개표소 중 한 곳으로 이동하게 된다. 사전투표를 마치고 보관 중이던 관내사전투표함과 전국에서 우편으로 배송된 관외사전투표지를 모아둔 관외사전투표함 역시 해당 선거관리위원회가 운영하는 개표소로 모이게 된다.

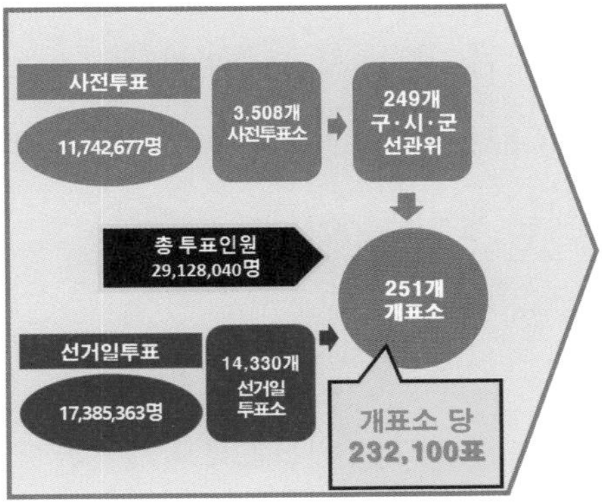

지난 21대 4·15 총선의 경우 사전투표와 선거일투표에 모두 29,128,040명의 유권자가 투표를 했고 전국 251개 개표소로 투

[그림 1-11] 현 선거제도의 개표시스템

사전투표
11,742,677명

3,508개
사전투표소

249개
구·시·군
선관위

총 투표인원
29,128,040명

251개
개표소

선거일투표
17,385,363명

14,330개
선거일
투표소

개표소 당
232,100표

표지가 모였다. [그림 1-11]에서와 같이 1개 개표소 당 개표한 투표지 수는 지역구 국회의원 투표지와 비례대표 투표지를 합하여 평균 232,100여 표가 된다. 이처럼 많은 투표지가 모이다 보니 대규모 체육관 같은 시설에서 개표가 이루어지고 전자개표기가 사용될 수밖에 없다. 투표지와 투표함이 이동하는 과정에서도 여러 가지 문제가 발생할 수 있다.

4.4.2 투표지 원본이미지 파일 삭제

개표과정에서 모든 투표지는 전자개표기를 통과하면서 이미지 파일이 생성된다. 이렇게 생성된 이미지 파일의 사본은 USB에 담아서 각 선거관리위원회가 해당 선거의 임기가 만료되는 시점까지 보관한다. 여기서 중요한 점은 디지털 데이터는 그 원본성을 확인할 수 있어야 한다는 점이다. 선관위가 보관하고 있는 USB의 데이터가 전자개표기를 통과하면서 만들어진 원본 이미지 파일과 동일하다는 원본성(originality)이 입증되어야 데이터로서의 가치가 있는 것이다.

그런데 2021년 6월 28일 인천 연수구을 재검표에서 사용된 이미지 파일은 원본이 아닌 사본이었고, 그 사본이 원본과 동일하다는 어떠한 입증도 이루어지지 않았다. 이 부분이 금번 4·15 총선에 관한 여러 문제 중에서 가장 심각한 부분이다. 선거관리위원회는 원본 이미지 파일을 삭제하고 사본을 보관하고 있다고 진술하였다. 이것은 선관위가 투표함에 보관되어 있던 모든 투표지를 파쇄하고 새롭게 인쇄 또는 출력한 투표지로 갈아치웠을 경우에 그것을 입증할 유력한 증거물을 인멸했다는 것과 조금도 다름이 없는 말이다.

선관위가 왜 원본 이미지 파일을 삭제했어야 했는지를 유추해 보는 것은 부정선거 시스템을 이해하는데 매우 중요한 부분이다. 부정선거를 기획한 측이 의도한 대로 결과가 나오지 않아서 개표 당일에 전자개표기를 이용하여 추가적인 조작을 했다고 가정하면 선거소송이 제기된 선거구에 대하여 다음과 같은 시나리오가 예상된다.

① 개표된 결과에 맞추어 위조 투표지를 만든다.
② 위조 투표지를 전자개표기에 통과시켜서 위조 이미지 파일을 생성하고 원본 이미지 파일은 삭제한다. (선거관리위원회는 원본 이미지 파일을 삭제했다고 했지만, 실제로는 USB에 담아서 모처에 보관하고

있을 가능성도 있다.)

③ 위조 이미지 파일의 사본을 USB에 담아서 보관하고 위조 이미지 파일도 삭제한다.

④ 원본 투표지는 모두 폐기하고 위조한 투표지를 투표지보관함에 넣어서 보관한다.

위 시나리오는 입증된 것은 아니다. 하지만 이런 의심으로부터 벗어나기 위해서는 모든 디지털 데이터는 그 원본성이 확인되어야 하며, 그런 연후라야 재검표에 투입이 가능하다. 그렇지만 선거관리위원회는 이미지 파일의 원본을 삭제했다고 아무런 거리낌 없이 진술했고, 이미지 파일 사본이 재검표 현장에서 원본성에 대한 검증 없이 사용되었다.

4.4.3 투표지에 포함된 QR코드의 기능

개표과정에서 행해지는 또 하나의 중요한 과정은 QR코드와 관련이 있다. 이미 앞부분에서 투표지가 전자개표기를 통과하면서 이미지 파일이 생성된다는 것은 밝힌 바 있다. 이미지 파일은 투표지의 모습을 고스란히 담고 있기 때문에 이것을 파일형태로 변환하는 것은 그다지 어려운 작업이 아니다. 이미지 파일에 담긴 자료(일련번호, 투표장소, 후보 선택)를 엑셀 형태의 파일로 변환해서 중앙선거관리위원회에서 보관 중인 '선거인 정보'와 대조하면 1,000만 명 이상의 사전투표 유권자에 대한 투표성향이 빅데이터로 만들어진다.

중앙선거관리위원회가 사전투표용지에 '암호화 QR코드(Secrete-function-equipped QR Code, SQRC)'를 사용했다면 QR코드에 투표자의 주민등록번호 13자리를 암호화하여 입력시켜 놓을 수 있다. 이 경우에는 투표지가 전자개표기를 통과하는 순간 이미지 파일과 함께 선거인이 어느 후보를 선택했는지에 관한 별도의 데이터 파일이 생성될 수도 있다. 그리고 이 데이터 파일이 모이면 사전투표자 전체의 투표성향에 대한 거대한 빅데이터가 만들어 질 수 있다. 원본 이미지 파일을 삭제한 이유가 선거인의 투표성향에 관한 별도의 데이터 파일을 만든 사실이 드러날 것을 은폐하기 위한 것일 수도 있다. QR코드에 관한 보다 상세한 내용은 제2장과 부록 2에서 다루기로 한다.

4.4.4 개표 이후 사후조치

개표가 끝나면 선거 결과에 이의를 제기하는 낙선 후보들이 나오게 된다. 선거소송 또는 당선소송을 제기하는 후보는 공직선거법 제222조 및 제223조에서 정한 바와 같이 선거일로부터 30일 이내에 소송을 제기하고, 법 제228조에 따라 필요한 증거들에 대한 증거보전을 신청할 수 있다.

4·15 총선 이후 인천 연수구을 원고 민경욱 후보가 요청한 보전신청에 대해서 인천지법은 ▲연수구을 선거구 관할 투표지와 투표함을 비롯하여 ▲통합선거인 명부 및 선거인 명부와 전산자료 복사본, 거소·선상투표신고인명부 및 전산자료복사본, ▲사전투표록 및 본투표 투표록 등에 대한 인용 결정을 내렸다.

그러나 ▲전자투표기와 개표기, 기록지보관함, 투표집계 저장디스켓, ▲개표시 사용된 개표기 일체, ▲개표기 운영과 관련되어 사용된 제어용컴퓨터, ▲중앙선관위(또는 외부 위탁) 보관 중인 선거관리시스템 웹서버·선거관리통합서버·스토리지·SAN스위치·스위치·백업시스템, ▲전자투표기와 개표기 컴퓨터 프로그램 등 전산장비와 소프트웨어 관련 자료에 대한 보전은 기각했다.

이처럼 법원은 투표함과 투표지를 포함하여 비전산 증거들에 대한 보전은 승인한 반면 전자개표기를 포함한 각종 전산장비와 프로그램 등에 대해서는 보전신청을 기각하였다. 거기에 더하여 실제 증거보전 시 인천 연수구 선관위는 통합선거인 명부를 제출하지 않았다.

선거소송이 제기된 선거구에서는 일부 증거보전절차가 진행되었고, 그로부터 18개월이 지난 2021년 10월 말 기준 인천 연수구을, 경남 양산을, 서울 영등포을 및 경기 오산시 등 4곳에서만 재검표가 이루어졌다. 재검표장에서는 바로 출고된 신권 다발처럼 빳빳한 투표지 묶음, 일장기 투표지, 좌우 여백이 없는 투표지 등 가짜로 의심되는 많은 투표지가 나와서 현장에 있던 많은 소송대리인과 참관인들을 놀라게 하였다. 증거보전 되었던 투표지와 이미지 파일이 어떻게 바뀌어졌는지는 수사를 통해서 밝혀져야 한다. 서울 영등포구을 선거구의 투표함을 보관하던 법원 내 보관장소의 잠금장치에 설치해 놓았던 봉인지가 달라졌다는 원고의 주장이 사실이라면 법원 내 보관하던 증거물들도 원본이 아닐 가능성이 높다는 생각이 든다.

4.5 제5단계 : 대법원 장악 및 선거소송 지연

선거가 끝나면 선거 결과에 불복하는 후보들이 선거소송을 제기하는 것은 매우 당연한 수순이다. 공직선거법 제225조에서 대법원은 이 같은 소송을 다른 쟁송에 우선하여 재판하되, 최대 180일 이내에 처리하도록 규정하고 있다. 법의 취지는 선거소송을 지연시키지 말고 최대한 빠른 시일 내 처리하라는 것이다. 그래서 선거소송과 당선소송을 대법원 단심으로 처리하도록 규정한 것이다. 그러나 문재인 정권 하의 대법원은 오히려 선거 관련 소송을 부당하게 지연시키고 있다.

대법관들은 법 제225조에 규정한 '소가 제기된 날로 부터 180일 이내에 신속히 재판을 처리해야 한다' 는 조항을 의무조항이 아니라 훈시조항이라고 주장하면서 사상 초유로 재판을 지연시켜왔고, 재검표장에서는 투표지를 만지지도, 촬영하지도, 무게를 측정하지도, 확대경을 통해 살펴보지도 못하게 철저히 제한하였다. 차라리 일반 재판처럼 3심제라면 지방법원을 거쳐 올라가면서 많은 이슈를 만들어 낼 수 있지만, 선거관련 소송은 대법원 단심으로 끝나기 때문에 대법관 14인만 정권의 편으로 만들어 놓으면 사법부 내에서는 그 누구도 간여할 수 없을

뿐 아니라, 감히 누가 대법관의 권위에 도전할 수 있겠는가?

대법원은 2년 간격으로 있는 전국 단위의 선거소송을 최대한 지연시켜서 국민의 관심을 저하시키고 있다. 2017년의 대통령 선거 무효소송을 지연시켜서 2021년 하반기까지도 판결을 하지 않고 있고, 2020년의 4·15 국회의원 선거소송은 2022년 대선 이후로 미뤄서 관심을 저하시키는 지연작전을 구사하고 있는 것이 아닌지 의심된다. 청주시 상당구 재검표가 연기와 재연기를 거듭하고 있는 것이 이를 잘 보여주고 있는 사례이다.[1]

이에 대하여 황교안 전 대통령권한대행은 '오호 통재라! 선관위가 선거 공작을, 대법원이 증거인멸을 주도하는 나라!' 라는 제목의 페이스북 글에서 [그림 1-12]와 같이 선관위와 대법원을 비난하였다. 오죽하면 공안검사 출신으로 법무부장관, 국무총리, 대통령권한대행까지 역임한 공직자 황교안마저 선거관

---

1) 청주시 상당구 선거구는 더불어민주당 정정순 후보가 45,707표를 획득하여 42,682표에 그친 윤갑근 후보를 이기고 국회의원에 당선된 지역구이다. 이 지역구에 대한 선거소송이 제기되어 2021년 8월 10일 재검표 일정이 잡혔으나, 6월 28일 인천 연수구을 선거구에 대한 재검표 이후 대법원은 청주 상당구에 대한 재검표를 10월 1일로 연기하였다가 다시 2022년 대선 이후로 재검표 일정을 연기한다고 발표했다.

리위원회와 대법원의 일탈행위를 공개적으로 비난하겠는가?

황교안 Hwang Kyo-ahn
9월 18일 · 🌐

<오호통재라! 선관위가 선거공작을,
대법원이 증거인멸을 주도하는 나라!>

지난 16일, 법원은 4.15총선에서 낙선한
윤갑근 전 국민의힘 청주시 상당구
선거무효소송 재검표를 또다시
연기한다고 발표했습니다. 내년 대선
이후에 한다네요.

4.15부정선거의 주범은 선관위입니다.
선관위의 패역을 감싸고 옹호하는 건
대법원이고요. 대법원은 재검표 과정에서
나온 빼도박도 못할 부정선거의 증거들을
은폐하고 있습니다. 법원사진사가
증거들을 찍은 영상을 보여주겠다고 속여
원고측은 촬영도 못하게 해놓고 그후 다
삭제해 버렸으니까 말입니다.

그러니 이제 어떻게 재검표를 지속할 수
있겠습니까! 10월1일로 예정되었던
청주시 상당구 재검표를 연기할 수
밖에요.

선관위가 선거공작을 주도하고, 대법원이
증거인멸을 주도하는 나라! 오늘
대한민국의 현주소입니다!

[그림 1-12] 황교안 페이스북 글 (2021.9.18.)

4.6 바실리아TV가 제시한 4 · 15 총선의 조작 규모

바실리아TV는 '부정선거 조작흐름도'를 제시하고 세부 프로그램을 이용하여 지난 4 · 15 총선에서 어느 정도 규모의 부정선거가 벌어졌는지를 추정하였다. 결론적으로 가짜 투표지 220여만 표를 지역구에 따라 차등적으로 더불어민주당 후보에게 추가해 얹어 주었고, 그 결과 더불어민주당은 미래통합당에게 돌아갈 37석의 지역구 국회의원 의석을 빼앗아 그들이 차지한 것으로 의심이 된다. 자세한 내용은 부록 1 '바실리아TV의 부정선거 검증' 편에 수록하였다.

제Ⅱ장

4·15 총선에
나타난 부정선거의
의혹들

전쟁은 지금부터 시작이다

4·15 총선이 끝난 후 대한민국은 부정선거와의 전쟁이 계속되고 있다. 그 전쟁은 4·15 총선 개표 결과가 확정되기 전부터 이미 예견되어 있었다. 사전투표의 위험을 알리는 시민단체의 경고가 있었지만, 당시 제1야당 미래통합당은 들은 체하지 않고 사전투표를 독려하는 모습까지 보였다.

출구조사 결과가 발표되었을 당시 더불어민주당 지휘부는 기쁨을 표시할 수도 없었고, 개표가 진행 중이던 2020년 4월 15일 밤 11시 45분 미래통합당 황교안 대표는 기자회견을 열어 4·15 총선 결과에 책임을 지고 대표직을 사임한다는 의사를 밝히고 떠났다.

황교안 대표가 4·15 총선을 전후로 발생했던 각종 의혹들을 조금만 더 냉철히 살펴보았다면 그처럼 쉽게 대표직을 내던질 상황은 아니었다. 출구조사의 적중률과 4 · 15 총선 개표결과에 나타난 통계적 변칙, 그리고 QR코드 등을 둘러싼 의혹들을 파헤칠 의무가 그에게 있었다.

4 · 15 총선 후 깨어 있는 시민들이 모든 짐을 짊어지고 고독한 전쟁을 이어갔다. 그러는 가운데 황교안 전 대표가 돌아왔다. 그에게 4 · 15 총선의 의혹을 밝히는 영적 사명이 주어진 것이기를 바란다. 전쟁은 지금부터 시작이다.

01

출구조사의 놀라운 적중률

제21대 총선의 출구조사는 투표 당일 오전 6시 부터 오후 6시까지 전국 2,321개 투표소에서 투표자 약 51만 명을 대상으로 이루어졌다. 한국리서치, 코리아리서치, 입소스 주식회사 등 3개 조사기관이 조사원 1만 2천여 명을 투입하여 투표소에서 떨어진 곳에서 투표를 마친 유권자 5명마다 1명을 대상으로 대면조사를 실시하였다. 출구조사 질문은 ①성별 ② 연령 ③지역구 투표 후보 ④투표한 비례대표 정당 등 4개 항목 이었다.

출구조사가 끝난 후 조사기관은 ▲조사 표본 수 ▲후보별 득표 율 ▲득표 순위 ▲'혼전'과 '확실'로 구분한 결과 ▲오차 범위 등의 정보를 각 방송사로 보냈고, 이 정보를 바탕으로 지상파 3사는 방송사 재량으로 각각의 출구조사 결과를 발표하였다.

이러한 출구조사의 정확도는 사전투표 결과를 어떻게 예측할 것 인가에 달려 있었다. 2020년 4월 10일과 11일 양일간 진행된 사 전투표율은 전체 유권자 대비 26.69%로 역대 최고의 사전투표 율을 기록했다. 사전투표에 참여한 인원은 11,878,418명이었고 (거소, 선상, 재외국민 포함), 선거일 투표인원은 17,247,978명이었기 때문에 전체 투표인원의 약 40%가 출구조사 대상에서 제외된 상태였다. 이에 대해 KEP(KBS선거방송기획단) 관계자는 "사전투 표율이 높아 출구조사 정확도에 대한 우려가 있다."라고 하면서 도, "최근 선거에서 사전투표자의 정당별 지지율 등을 반영해 통 계 보정을 하는 등 최대한 정확성을 높일 계획"이라고 밝혔다.

선거관리위원회 관계자는 "사전투표 출구조사는 선거법상 금지 되어 있다."고 전했고, 사전투표에서 정당별 지지 격차가 이처 럼 극명하게 나타난 적은 없었다. 따라서 최근 선거에서 사전투 표자의 정당별 지지율을 반영한다고 해도 4·15 총선에서 보여 준 사전투표 결과를 예측한다는 것은 거의 불가능에 가까웠다. 선거일 투표가 끝나자 방송 3사는 [표 2-1]의 출구조사 결과를 발표했고, 사전투표 연령별 분포는 [표 2-2]와 같다. 보수층이 우세한 60대 이상이 361만 명 투표해서 사전투표에서 가장 많

은 인원을 차지하고 있다. 진보성향을 띠고 있다는 30대와 40
대의 투표인원은 각각 149만 명과 207만 명으로 두 연령대를
합해도 357만 명으로 60대 이상 투표 인원과 비슷하다.

사전투표에 대한 출구조사가 불가능했던 상황에서 방송 3사가
선거일투표의 출구조사만으로 더불어민주당의 압승을 예상했
다는 것은 이들 방송 3사에게 누군가 출구조사 결과를 보정할
수 있는 자료를 제공한 것이 틀림없다는 의심을 갖게 한다. 누군
가 소스를 제공해주지 않았다면 방송 3사가 선거일 투표 출구조
사만을 가지고 이처럼 정확한 예측 결과를 낼 수 없기 때문이다.

구 분	방송 3사 출구조사 결과			실제 결과
	KBS	MBC	SBS	
민주당 · 시민당	155~178	153~170	153~177	180
통합당 · 한국당	107~130	116~133	107~131	103
정의당	5~7	5~6	4~8	6
국민의당	2~4	3	3~5	3
열린민주당	1~3	2	0~3	3
민생당	0	0	0~4	0
무소속 · 기타	1~7	1~5	0~9	5

[표 2-1] 4 · 15 총선 출구조사 결과와 실제 정당별 의석수

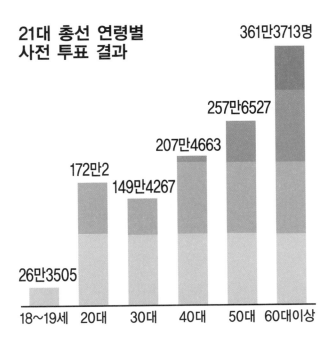

21대 총선 연령별 사전 투표 결과

361만3713명

257만6527

207만4663

172만2

149만4267

26만3505

18~19세 20대 30대 40대 50대 60대이상

[표 2-2] 4 · 15 총선 연령별 사전투표 결과

전국적인 출구조사에 대한 설명만으로는 독자들이 이해하는데 한계가 있을 것이다. 그래서 아래에서 대표적인 지역구 두 군데를 중심으로 출구조사의 문제점을 설명한다.

그 첫 번째는 부산 남구을의 박재호(민주)와 이언주(통합) 후보 간의 선거 결과이다.

구 분		박재호(민주)	이언주(통합)
출구조사		50.7%	48.8%
득 표 율	선거일투표	45.14%	53.00%
	사전투표	50.72%	40.77%
	총득표율	50.50%	48.74%
비 고		당 선	낙 선

[표 2-3] 4 · 15 총선 부산 남구을 출구조사와 득표율 비교

[표 2-3]을 보면 이언주 후보는 2020년 4월 15일 선거일투표에서 53%의 득표율을 보였다. 그렇다면 출구조사에서도 적어도 50% 이상의 수치를 보였어야 한다. 그러나 이언주 후보의 출구조사 예상득표율은 실제 득표율과 불과 0.06%의 차이를 보이고 있고, 박재호 후보는 선거일투표의 득표는 45% 대였지만 출구조사는 50.7%로 실제 얻은 총득표율과 불과 0.2% 차이만을 보이고 있다. 역시 신의 도움이 없었다면 당일 출구조사 결과만으로 이 같은 최종결과를 예측할 수는 없었을 것이다.

[표 2-4]는 인천 연수구을의 출구조사와 득표율 비교이다. 4 · 15 총선 이후 부정선거 문제로 가장 큰 주목을 받고 있는 민경욱 전 미래통합당 후보는 출구조사에서 1위를 했음에도 불구하고 개표 결과 2위로 낙선하였다.

구 분		정일영(민주)	민경욱(통합)	이정미(정의)
출구조사		38.9%	40.0%	20.7%
득 표 율	선거일투표	37.77%	41.86%	19.49%
	사전투표	48.21%	34.66%	16.12%
	총득표율	41.53%	39.25%	18.27%
비 고		당선	낙선	낙선

[표 2-4] 4 · 15 총선 인천 연수구을 출구조사와 득표율 비교

인천 연수구을에 대한 출구조사는 선거일 득표율이 비교적 잘
반영되었다. 출구조사 예상득표율이 당일 득표율과 1~2% 내
에서 이루어졌기 때문이다. 그럼에도 불구하고 경합을 예고한
출구조사의 수치를 벗어나 미래통합당의 민경욱 후보는 고배
를 마셔야 했다.

4·15 총선 결과에 나타난 통계적 변칙

통계적 이상 현상만을 가지고 부정선거를 주장하기에는 어딘가 부족한 면이 있다. 특히 사전투표에서 더불어민주당 지지율이 선거일 투표에 비하여 월등히 높은 것과 관련하여, 같은 모집단에서 불과 며칠 사이에 정당 지지에 그처럼 많은 변화가 나타날 수는 없다는 주장을 펴는 사람들이 많다. 문제는 사전투표와 선거일투표에서 나타난 지지 정당의 차이가 과연 유권자의 적극적 선택의 결과인지 또는 인위적 조작의 결과인지를 파악하는 데 있다.

4·15 총선에서 더불어민주당과 미래통합당이 사전투표와 선거일투표에서 얻은 득표율을 분석해 보면 매우 특이한 현상을 발견할 수 있다. 전국 학력고사 여자수석으로 널리 알려진 명지대 물리학과 박영아 교수는 2020.4.23. 그의 페이스북에서

사전투표에서 얻은 득표율을 X, 선거일투표에서 얻은 득표율을 Y라 하고, $X - Y$값을 구해보면 더불어민주당 후보의 경우 서울 49개 선거구의 424개 동에서 모두 +12% 근처에 모여 있다는 것이다. 이것은 동전 1,000개를 던져서 모두 앞면이 나오는 경우를 보기 위해서 1초에 한 번씩 동전 1,000개를 던지는 실험을 우주의 나이 동안 계속해도 그 확률은 10의 283승분의 1이라고 하면서 "통계적으로 불가능한 일이 21대 총선에서 일어났다!"고 주장하였다.

2020.05.04. 조선일보의 「최보식이 만난 사람」 코너에 서울대학교 통계학과 명예교수이자 전 통계학회 회장 박성현 교수의 글이 실렸다. 박성현 교수는 인터뷰에서 다음과 같이 말했다.

사전 투표를 둘러싸고 말들이 많아 전국 지역구 253곳의 선거 데이터를 자세히 봤다. 통계적 관점에서는 확실히 일어나기 어려운 투표 결과였다. 어떤 형태로든 인위적 개입이 있었을 가능성을 배제하기 어렵다고 본다."라고 하면서, "조작 증거라고 단언할 수는 없어도 통계학자의 눈으로는 몹시 의아하게 비친다. 아주 우연히 그렇게 일어났다고 주장할 수는 있지만, 통계

적으로 이런 우연이 일어나기는 쉽지 않다. 군이 말하면 '신(神)

이 미리 그렇게 해주려고 작정하지 않고는 일어날 수 없다.' 는

것이다.

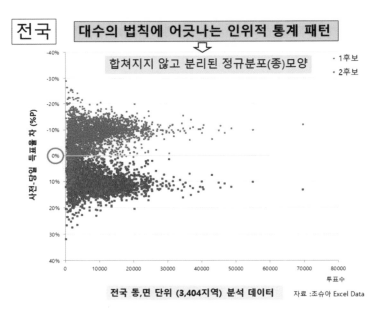

[그림 2-1] 4 · 15 총선의 $X - Y$ 값 비교(X : 사전투표 득표율, Y : 선거일투표 득표율)

바실리아TV를 운영하는 조슈아는 중앙선거관리위원회가 게시

한 전국 3,404개 읍 · 면 · 동의 개표결과를 엑셀로 변환하여 X

− Y 값을 그래프로 표시했다. [그림 2-1]에서 알 수 있듯이 미

래통합당 후보는 $X - Y$ 값이 –10%를 중심으로 정규분포를 이루는 반면 더불어민주당 후보는 같은 값이 +11%를 중심으로 정규분포를 나타낸다. 이것이 박영아 교수와 박성현 교수가 주장하는 통계적 변칙이다.

4·15 총선의 결과에 담겨 있는 통계적 변칙도 매우 이상한 현상이지만 그보다 더 큰 문제는 이러한 통계적 변칙을 어떻게 사전투표에 대한 출구조사를 하지 않고서도 알아냈느냐 하는 의문이다. 사전투표에서 나타난 통계적 변칙을 알지 못한 상태에서 방송 3사가 총선 결과를 정확하게 예측한 것은 보이지 않는 손이 작용했다는 것을 암시한다. 그래서 부정선거를 주장하는 측에서는 이 거대한 보이지 않는 손과의 투쟁을 벌이고 있는 것이다.

03

QR코드 사용에 집착하는
중앙선거관리위원회

      4 · 15 총선 선거소송을 맡고 있는 변호사들 중
에 "QR코드를 사용한다고 해서 후보의 당락에 영향을 줄 수
있는 것은 아니지 않느냐?"고 반문하는 변호사도 있다. 이 질
문에 대한 답은 "Absolutely No"이다. 공직선거법의 법조문에
도 불구하고 중앙선관위는 사전투표용지에 QR코드 사용을 포
기하지 않고 있다. QR코드는 무엇인가? 그리고 중앙선거관리
위원회는 왜 QR코드를 반드시 사용해야만 할까?

공직선거법 제151조 제6항에는 분명히 사전투표용지에 바코드
를 사용하라고 정하고 있고, 특히 괄호 안에 '막대모양의 기호'
라는 단서를 달면서 까지 바코드의 종류를 지정하였다. 사실
사전투표용지에 QR코드를 사용한 2017년 대통령선거와 관련
하여 중앙선거관리위원회를 상대로 대법원에 선거무효소송(대

법원 2017수61호)이 제기되어 지금까지 진행 중에 있다. 보통의 공무원 집단이었다면 자신들이 법 적용을 잘못해서 소송까지 제기된 사안에 대해서는 법 조항에 맞도록 업무 절차를 변경하는 것이 일반적인 상식이다. 그런데 중앙선거관리위원회는 괴이한 변명과 주장을 앞세워 QR코드 사용을 정당화하고 있다.

3.1. QR코드 사용에 대한 중앙선거관리위원회의 황당한 변명

중앙선거관리위원회는 아래 3가지 이유를 들어 QR코드를 사용하고 있는데, 이는 모두 거짓말이다. 세부적인 설명은 부록에 담았고 여기에는 결론만 제시한다.

> **이유 1** | QR코드는 '2차원 바코드'이고, '2차원 바코드'의 동의어는 '2차원 막대부호'이므로 QR코드는 법에 규정한 바코드의 일종이다.

정보통신용어사전에 2차원 바코드의 동의어가 '2차원 막대부호'로 나와 있는 것은 분명한 사실이다. 그런데 그 밑에는 "특히 2차원 바코드는 암호화가 가능해 멤버십 카드 등 각종 인증 시스템으로도 활용될 수 있으며..." 라는 설명이 포함되어 있다. 'QR코드는 암호화가 가능하다' 는 것에 주목해야 한다. 이는 QR코드에 투표자의 주민등록번호를 암호화하여 넣을 수 있다는 것이고, 전용 스캐너가 있으면 QR코드가 있는 모든 투표지는 누가 투표했는지를 알 수 있다는 것이다. 명백히 비밀투표의 원칙을 위반하고 있다.

> **이유 2** │ 사전투표용지의 폭이 10cm로 좁아서 바코드 대신 QR코드를 사용한다.

4 · 15 총선에서는 QR코드에 31자리 숫자를 담았다. 길이 56mm의 바코드에 31자리 숫자를 담을 수 있다. 사전투표용지의 폭은 100mm 이기 때문에 바코드는 사전투표용지에 들어갈 수 있다.

> **이유 3** │ QR코드는 복원력이 있어서 훼손되어도 정보 확인이 가능하다.

QR코드의 복원력에는 L, M, Q, H 4단계가 있다. 복원력이 중요하다고 하면서 중앙선관위는 사전투표용지의 QR코드 복원력을 최하위 단계인 L을 사용하였다. L은 투표지의 QR코드가

7% 손상되어도 그 안의 데이터를 읽을 수 있는 수준의 복원력이다. 그런데, 현재 사용 중인 QR코드 용량으로는 복원력을 H로 설정해도 충분하다. 복원력 H는 QR코드가 30%까지 손상을 입어도 데이터를 복원할 수 있다. 중앙선거관리위원회가 QR코드의 복원력을 최하위인 L로 설정한 이유는 QR코드에 31자리 숫자 이외의 정보를 더 담아야 하기 때문일 것이며, 더 담아야 하는 정보는 이유 1에서 밝힌 것처럼 13자리 숫자의 주민등록번호일 것이다.

중앙선관위가 바코드 아닌 QR코드를 사용하는 이유는 한결같이 구차한 변명에 지나지 않는다. 사전투표용지에 바코드를 넣지 못한다면, 2014년 1월 17일 바코드를 사전투표용지에 넣도록 법 조항을 신설한 중앙

[그림2-2] QR코드 모양

선거관리위원회의 담당공무원은 처벌을 받아야 마땅하다. 그 정도의 준비와 검토 없이 법을 개정하는 행정기관이 대한민국에 어디에 또 있겠는가?

중앙선거관리위원회의 이 같은 행위는 QR코드를 사전투표용지에 넣겠다고 하면 법 개정이 어려울 수 있기 때문에 법에는 바코드로 명시하고 갖은 변명을 해 가면서 QR코드를 사용하고 있는 것이다.

3.2. QR코드 사용은 비밀투표 원칙에 위반되는가?

QR코드 사용과 관련하여 가장 우려되는 점은 QR코드로 인하여 투표자의 투표성향이 유출될 수 있다는 점이다. 중앙선관위는 사전투표용지의 QR코드에는 일련번호, 선거명, 선거구명, 관할선관위명만 들어가 있고, 선거인의 개인정보는 어떠한 내용도 들어있지 않다고 주장한다. 그러나 이런 중앙선거관리위원회의 주장은 다음 두 가지 이유로 허위임이 입증된다.

3.2.1. 투표용지의 QR코드가 SQRC인 경우

QR코드의 대표적인 기업은 일본의 덴소 웨이브사이고 4·15 총선에 사용한 QR코드 역시 덴소 웨이브사의 제품이었다. 덴소 웨이브사의 QR코드 중 일반정보와 암호정보를 나누어 저장하는 SQRC (Secrete-function equipped QR Code, 암호화 QR코드)가 있다.

중앙선관위가 사용한 QR코드가 SQRC일 경우, QR코드의 공개정보 부분에 공직선거법이 정한 4종류의 자료(선거명, 선거구명, 관할선거관리위원회명, 일련번호)를 31자리 숫자로 저장하고, 투표자의 주민등록번호 13자리 숫자는 암호화하여 넣을 수 있다. 이 경우 일반적인 QR코드 리더기로는 공개된 4종류의 자료 31자리 숫자만 인식할 수 있다. 암호화하여 숨겨 놓은 투표자의 주민등록번호를 인식하기 위해서는 주민등록번호를 암호화할 때 사용한 key값(일종의 password)을 SQRC 전용 스캐너 프로그램에 입력해야 한다. 따라서 일반인은 QR코드에 숨겨 놓은 암호화된 자료 즉, 투표자의 주민등록번호를 알아낼 방법이 없다.

3.2.2. 투표지 이미지 파일과 중앙선관위 서버에 저장된 선거인 정보의 결합

2020년 12월 14일 과천 중앙선거관리위원회 청사에서는 김상환 대법관 입회하에 검증 기일이 열렸다. 이 자리에서 중앙선관위는 2일간의 사전투표 기간에 사전투표를 한 선거인의 정보를 서버에 보관하고 있다고 밝혔다. 중앙선관위 서버에는 [표 2-5]와 같이 누가, 언제, 어디서 사전투표를 했는지에 관한 데이터를 보관하고 있다.

구 분	저장된 자료
선거인 인적사항	선거인명, 생년월일, 성별 선거인 주소 선거인명부 등재번호
투표 관련 사항	투표일자, 투표시각 (시/분) 투표방법 (1: 사전선거) 관내/관외 구분 (0: 관내, 1: 관외) 사전투표소 ID 사전투표관리관명
우편 관련 사항	우편 등기번호
관련 파일	본인확인 이미지파일명 신분증 스캔이미지 파일명

[표 2-5] 사전투표 유권자의 선거인 정보(중앙선관위 서버에 보관)

한편, 2020년 4월 15일 제21대 총선 투표가 끝난 후 모든 투표지는 전자개표기(투표지분류기)를 거쳐 개표되며, 이때 전자개표기를 지나가는 투표지는 고속스캐너에 의해 이미지파일로 만들어진다. 이렇게 만들어진 이미지 파일은 전자개표기를 구동하는 노트북에 저장되고, 개표가 끝난 후 이미지 파일의 사본을 USB에 담아서 각 선거관리위원회가 보관하고 있다고 한다.

그렇기 때문에 이미지 파일과 선거인 정보를 연결시키면 사전투표를 한 투표자가 어느 후보를 선택했는지를 알 수 있다. 완벽한 비밀투표 원칙의 침해이다. 지금부터 중앙선관위가 서버에 보관하고 있는 선거인 정보와 투표지 이미지 파일이 결합되면 어떤 일이 벌어질 수 있는지 알아본다.

[표 2-5]에서 살펴본 바와 같이 중앙선관위 서버의 선거인 정보에는 4 · 15 총선 사전투표에 참여한 투표자의 개인정보(성명, 생년월일, 주소), 투표한 시각(일자, 시/분), 투표종류(관내/관외), 투표 장소(사전투표소 ID, 사전투표관리관 이름) 등이 저장되어 있다. 따라서 사전투표를 한 전체 인원이 언제, 어디서 투표했는지를 파악할 수 있다. 이 중에서 특정 선거구의 사전투표 선거인 정보만을 추출하여 투표한 시간에 따라서 순차적으로 정렬할 수 있다.

다음은 이미지 파일에 관한 사항이다. 이미지 파일은 투표 종료 후 개표 단계에서 투표지를 전자개표기에 통과시킬 때 만들어지는 이미지의 모음이다. 여기에는 투표지 이미지가 담겨 있는데 ①어느 후보를 선택했는지(기표도장 위치), ②어디서 투표했는지(사전투표관리관인), ③선거구에서 몇 번째로 투표했는지(QR 코드의 일련번호) 등 3가지 정보를 포함하고 있다.

따라서 중앙선거관리위원회 서버에 보관 중인 선거인 정보 중 특정 선거구의 사전투표 선거인 정보를 하나의 파일로 만들어서 투표자의 투표시각을 기준으로 정렬하고, 투표지 이미지 파일은 QR코드의 일련번호를 기준으로 정렬하면 두 종류의 데이터 세트는 완벽하게 1 : 1로 연결된다. 이 과정을 통해서 사전투표자가 어느 후보에게 투표했는지를 파악할 수 있다. 이것은 비밀투표 원칙을 훼손한 헌법 위반이다. [표 2-6]은 독자의 이해를 돕기 위하여 유권자 10명으로 구성된 가상의 선거구에서 투표지 이미지 파일과 선거인 정보가 어떻게 결합되는지를 보여주는 예이다.

	투표지 이미지 파일					선거인 정보(중앙선관위 서버)		
일련 번호	투표소	후보 선택				누가	어디서	언제
		①	②	③				
0001	관내 ①	✓			↔	김○○	관내 ①	1일 08:00
0002	관외 ⑧	✓			↔	최××	관외 ⑧	1일 08:30
0003	관외 ⑪		✓		↔	이○○	관외 ⑪	1일 10:45
0004	관내 ⑥			✓	↔	박××	관내 ⑥	1일 13:50
0005	관외 ③	✓			↔	홍○○	관외 ③	1일 15:45
0006	관외 ⑲		✓		↔	윤××	관외 ⑲	1일 17:33
0007	관내 ⑤		✓		↔	나○○	관내 ⑤	2일 08:45
0008	관외 ⑯	✓			↔	황××	관외 ⑯	2일 11:25
0009	관내 ②		✓		↔	정○○	관내 ②	2일 15:34
0010	관내 ④			✓	↔	구××	관내 ④	2일 17:34

[표 2-6] 투표지 이미지 파일과 선거인 정보의 결합(예)

여기서 중앙선관위는 투표시간을 시/분 단위로만 기록했기 때문에 1분당 투표한 유권자 수가 많아서 투표한 순서대로 정렬하는 것이 불가능하다고 할 것이다. 그러나 전산 특성상 시간 기록은 적어도 1/100초 또는 1/1,000초 단위로 하는 것이 보통의 경우이다. 중앙선거관리위원회가 선거인 정보를 저장하면서 전산 특성을 무시하고 굳이 데이터베이스의 시간 단위를 분으로 변경할 필요가 있었을까 하는 의문이 든다.

모든 정보를 중앙선거관리위원회가 독점하고 있는 상황에서 두 정보를 결합시키는 것은 그리 어려운 일이 아니다. 그리고 그 정보를 누군가는 간절히 원하고 있고, 그런 불법적인 활동을 통하여 중앙선거관리위원회의 위상은 한층 견고해져 왔을 것이다.

3.3. 중앙선거관리위원회는 왜 선거인의 투표성향을 파악하는가?

그렇다면 한 가지 의문이 남는다. 중앙선관위는 왜 이 자료가 필요할까? 선거인의 투표성향을 파악하는 자료로 선거 결과를 바꿀 수는 없다. 그러나 아래에서 설명하는 바와 같이 선거 결과를 좌지우지하기 위한 여건 조성과 그들이 원하는 것을 얻기 위해서는 이 자료가 반드시 필요하다.

3.3.1. 여론조사에 결정적인 영향을 미치는 선거인의 투표성향 데이터베이스

중앙선거관리위원회는 중앙선거여론조사심의위원회를 두고 선거여론조사 업무를 관리한다. 중앙선거여론조사심의위원회는 선거여론조사 기준 제정, 여론조사기관 등록, 선거여론조사

사전신고, 선거여론조사 심의 및 위반행위 조사·조치 등 선거여론조사의 모든 영역에서 막강한 힘을 발휘한다.

여론조사가 이루어지는 과정을 살펴보면, 2,000명 대상의 여론조사를 위해서 여론조사 기관이 통신사로부터 30배에 해당하는 6만 명의 데이터베이스(모집단)를 공급받게 되는데, 여론조사 기관에 제공되는 6만 명의 데이터베이스가 오염되지 않았다고 누가 확신할 수 있을까? 통신사가 제공하는 여론조사용 데이터베이스는 중앙선거관리위원회의 통제로부터 자유롭지 못하다는 것이 대체적인 인식이다.

[표 1-2]에 따르면 2014년 사전투표가 도입된 이래 5회의 전국 단위 선거에서 총 인원 4,000만 명 이상이 사전투표를 했으며, 1,170만 명 이상의 국민이 적어도 1회 이상의 사전투표를 했다는 것을 알 수 있다. 중앙선거관리위원회는 사전투표제도가 도입된 2014년부터 사전투표용지에 QR코드를 사용해 왔고, 다섯 번의 전국 단위 선거에서 QR코드가 포함된 사전투표지를 이용해 1,000만 명 이상의 유권자에 대한 투표성향을 파악하여 이를 데이터베이스화 해놓았을 것이다. 중앙선거관리위원

회가 통신사에게 모집단 자료를 제공할 때 그들이 보유하고 있는 유권자 데이터베이스에서 그들 입맛에 맞게 자료를 가공해서 통신사에 제공한다면 그 결과가 어떻게 될 것인지는 쉽게 상상할 수 있다. 어쩌면 2021년 6월 11일 열린 국민의힘 전당대회에서 이준석이 당대표로 선출된 것도 이런 중앙선관위의 도움에 의한 것이 아닌가 하는 의구심을 갖는 국민이 상당히 많다.

3.3.2. 우파 괴멸에 악용되는 투표성향 데이터베이스

전투기에는 적기와 아군기를 식별하기 위하여 피아식별장치 (IFF : Identification of friend or foe)를 탑재하고 있다. 사전투표용지에 인쇄된 QR코드는 좌익 · 좌경세력들이 대한민국 국민을 '내 편'과 '네 편'으로 가르는 피아식별장치이다. 중앙선관위가 만든 유권자의 투표성향 데이터베이스는 정부와 국민 개개인의 관계를 설정하는 중요한 기준자료가 될 것이다. 예를 들어 공직시험에 있어서 집권당 지지성향을 보이는 국민에게는 면접시험에서 점수를 올려줄 수 있고, 기존 공무원의 인사와 승진의 기준으로 활용할 수도 있다. 현 집권당은 '주민자치기본법'을 제정하여 전국 3,500여개의 읍 · 면 · 동에 북한식 인

민위원회와 유사한 성격의 주민 통제체제를 만들려고 한다. 이렇게 되면 전국 읍·면·동에 주민자치 사무국을 두게 되는데, 사무국을 포함하여 주민자치에 필요한 많은 인원을 선발하는 기준 역시 사전투표로부터 만들어진 투표성향 데이터베이스가 사용될 가능성이 대단히 높다.

이처럼 사전투표지 한 귀퉁이에 자리잡은 QR코드는 중앙선거관리위원회가 주장하는 것처럼 단순히 지방선거에서 선거종류별로 투표지를 분류하거나, 가짜 투표지를 가리기 위한 도구가 아니다. 그렇게 단순한 것이었다면 야당과 시민단체의 강한 반발에도 불구하고 실정법을 어겨가면서까지 바코드 아닌 QR코드를 사용했겠는가? 사전투표지에 인쇄된 가로·세로 2cm에 불과한 QR코드는 대한민국을 자유민주주의에서 사회주의로 국가체제를 근본에서부터 뒤바꾸기 위한 핵폭탄인 것이다.

04

사전투표소 CCTV를 가리도록
지시한 중앙선거관리위원회

4 · 15 총선과 관련하여 중앙선거관리위원회가 보이고 있는 이해할 수 없는 행위는 한두 가지가 아니지만 사전투표소에 설치되어 있는 CCTV를 가리도록 지시한 것은 참으로 이해할 수 없는 대목이다. [그림 2-3]은 「사전투표소 설비 상황 점검부」로서 사전투표소 내에 CCTV가 설치된 경우에는 카메라를 가리도록 조치한 근거이다.

일부 사람들은 [그림 2-3]의 점검부를 근거로 중앙선거관리위원회가 사전투표소 내 CCTV 카메라를 가리도록 한 조치는 적법한 조치였다고 주장하고, 중앙선거관리위원회는 이같은 조치가 투표자의 비밀투표원칙을 보호하기 위한 주장이라고 강변하고 있다. 그러나 투표소와 사전투표소 설치에 관한 법적 근거는 공직선거법이다.

사전투표소 설비상황 점검부

점 검 사 항	적정여부		시정 또는 조치사항
	적	부	
1. 사전투표소 안밖의 설비상황의 적정여부			
가. 사전투표소입구에 표찰·표지의 게시여부			
○ 사전투표소 표찰 게시			
나. 투표진행부서의 설비 적정여부			
○ 기표대			
○ 사전투표함			
☞ 관내사전투표함 받침대와 관외사전투표함이 바뀌어 설치되었는지 여부			
○ 본인여부 확인하는 곳, 투표용지 등 받는곳, 투표참관인석			
○ 관내·관외선거인 투표장소 구획 적정여부			
다. 기표소 내부의 설비상태			
○ 기표대 뒷면에 창문이 없는지 등 기표대 설비위치 적정 여부			
○ 투표의 비밀유지 지장여부			
라. 투표소 내 CCTV설치 여부			
☞ CCTV가 설치된 경우 카메라를 가리도록 조치			
마. 경비경찰 공무원의 순찰근무 또는 비상연락체계 적정여부			
2. 장비·물품·서식등 비치여부			
가. 본인확인 및 투표용지 등 교부석			
○ 명부단말기,본인확인기등			
○ 멀티탭, 랜선			
나. 투표용지 등 교부석			
○ 투표용지 발급기			

[그림 2-3] 사전투표소 설비상황 점검부

공직선거법에는 비밀투표와 관련하여 기표소 안을 엿볼 수 없도록 투표소를 설치할 것(법 제147조)과 기표소 안에서 투표지 촬영을 금지(법 제166조의 2)하고 있고, 그밖에 필요한 사항은 중앙선거관리위원회규칙으로 정하도록 되어 있다. 중앙선관위 규칙에도 사전투표소 내 CCTV 촬영을 금지하는 규정은 없다.

그런데 중앙선거관리위원회는 「사전투표소 설비상황 점검부」를 근거로 CCTV의 카메라를 가리도록 지시한 것이다. 이것은 누가 보더라도 중앙선거관리위원회의 월권적인 행위이며, 사전투표에서 그들이 반드시 감추어야 할 비밀이 있다는 것을 뜻한다. 그 비밀은 사전투표 인원을 부풀리기 위해 사전투표에 참여한 실제 인원을 세지 못하도록 하기 위한 꼼수라는 의심이 든다.

그들이 사전투표에서 투표인원을 부풀려야 하는 이유는 특정 후보의 당선을 위해서는 가짜 투표지를 만들어서 투표함에 집어 넣어야 하기 때문이다. 그렇지 않고서는 중앙선거관리위원회가 사전투표장의 CCTV 카메라를 가리게 할 이유가 없다. 이렇게 부풀려진 투표인원 만큼의 위조투표지를 제3의 장소에서 만들어서, 4박 5일 동안 아무도 감시하지 않는 곳에 보관된 사전투표함에 넣는 일은 그리 어려운 일은 아니라고 본다. CCTV로 감시한다고 하지만 CCTV를 끄고 작업하고, 나중에 발각되면 CCTV가 고장 났었다고 해도 그것을 밝힐 수사기관은 존재하지 않는다. 그 결과 사전투표에서 통계적으로 도저히 발생할 수 없는 변칙이 일어났고, 수도권을 비롯한 경합 선거구와 전략적 선거구에서 미래통합당 후보들이 낙선하고 더불어민주당 후보들이 대거 당선되었다.

05

임시선거사무소의 비밀

    2020년 10월 하순에 "지역 선거관리위원회가 내밀하게 임시사무소를 운영하였다."는 유튜버들의 특종 방송이 연일 계속되었다. 주류언론에서는 전혀 다루지 않았지만, 공병호TV, 24라이브뉴스, 미디어A 그리고 바실리아TV 등은 긴급 보도를 통해서 9월 30일 관악 선거관리위원회가 전산 서버를 무리한 방법으로 과천 중앙선거관리위원회로 옮기는 과정에서 폐기한 다량의 문서들을 확보하였고, 그 문서들을 분석한 결과 다수의 지역 선거관리위원회가 비밀리에 임시사무소를 운영했다는 충격적인 보도를 쏟아 내었다. 아래는 공 데일리에 보도된 각 지역선거관리위원회가 운영한 임시사무소에 관한 내용이다.

유튜버 운영자들이 적발한 지역 선거관리위원회가 운영한 별도의 임시사무소는 모두 9군데로 지역선관위와 상당히 떨어진 곳에 설치되어 2020년 2월 무렵부터 선거가 끝난 4월 중순 이후까지 운영해 왔던 것으로 밝혀졌다. 확보된 폐문서를 참고했을 때 9개소 임시사무소 이외에도 전국의 지역 선거관리위원회가 임시사무소를 운영했을 가능성이 높다고 볼 수 있다.

이번에 발견된 지역 선거관리위원회 인근의 임시사무소는 간판도 달지 않고 선거관리위원회와 상당한 거리를 두고 설치되었고, 해당 지역 선거관리위원회와 직통으로 연결되는 전용 전산회선을 설치하여 사용하였으며 소수의 인원만이 출입할 수 있도록 조치했던 것으로 밝혀졌다. 다음은 발견한 9군데 임시사무소 중 서울 송파구 선거관리위원회의 설치에 관한 세부 내용이다.

[그림 2-4]에서 확인할 수 있는 바와 같이, 서울 송파구 선거관리위원회는 해당 임시선거사무소에 선거정보통신망 설치를 요청하는 공문을 통신사인 KT에 보냈는데, 선거정보통신망 사용 기한은 2020년 2월 10일부터 4월 17일까지이며, 해당 선거관리위원회와 임시선거사무소 간 10Mbps 전용회선 1회선과 L3

선거정보통신망 임시사무소 설치 요청 내역

● 서울특별시 송파구선거관리위원회

구분	세부내용
설치기한	2020. 2. 7.(금)
사용기한	2020. 2. 10.(월) ~ 2020. 4. 17.(금)
설치장소	서울특별시 송파구 송파대로 472, 보명빌딩 4층
담당자	
철거일자	2020. 4. 17.(금)
신청내역	송파구선거관리위원회 ↔ 송파구선거관리위원회 임시사무소 10Mbps 전용회선 1회선, 스위치 임차(별도 때 포함)
특이사항	장비 연동 시 통신망 유지보수(02-504-0271) 연락 후 작업 진행

■ 사용기간 종료 후 철지 처리하시기 바랍니다.

● 서울특별시 구로구선거관리위원회

구분	세부내용
설치기한	2020. 2. 11.(화) 16:00부터
사용기한	2020. 2. 12.(수) ~ 2020. 4. 17.(금)
설치장소	서울특별시 구로구 가마산로 23길 10, 한일빌딩 3층
담당자	
철거일자	2020. 4. 17.(금)
신청내역	구로구선거관리위원회 ↔ 구로구선거관리위원회 임시사무소 10Mbps 전용회선 1회선, 스위치 임차(별도 때 포함)
특이사항	장비 연동 시 통신망 유지보수(02-504-0271) 연락 후 작업 진행

■ 사용기간 종료 후 철지 처리하시기 바랍니다.

[그림 2-4] 선거정보통신망 임시사무소 설치요청(서울 송파구)

스위치를 임차하는 내용이다. [표 2-7]은 발견된 9군데 임시선 거사무소와 해당 선거관리위원회까지의 이격거리이다.

발견된 지역 선거관리위원회 임시선거사무소	지역선거관리위원회와 임시사무소 간 이격거리
서울 강북구 선관위 임시사무소	260미터
서울 성북구 선관위 임시사무소	831미터
서울 강동구 선관위 임시사무소	808미터
서울 송파구 선관위 임시사무소	224미터
서울 구로구 선관위 임시사무소	280미터
서울 노원구 선관위 임시사무소	2,500미터
서울 동작구 선관위 임시사무소	3,100미터
대구광역시 동구 선관위 임시사무소	1,600미터
경북 선관위 임시사무소	238미터

[표 2-7] 선거관리위원회와 임시선거사무소 간 이격거리

[그림 2-4]와 [표 2-7] 자료를 근거로 살펴볼 때, 각 지역 선거 관리위원회가 임시선거사무소를 사람들 눈에 띄지 않는 곳에 만들어서 선거 이후까지 운영했다는 것을 알 수 있다. 송파구 선거관리위원회의 예를 들어보면 송파구 선거관리위원회는 3 층 건물 전체 179평을 사용하는데, 그로부터 224m 떨어진 곳 에 88평 규모의 임시선거사무실을 마련하여 선거기간 전후로

이용했다. 그곳에 선거정보통신망을 연결해서 무슨 업무를 했는지 국민은 알 권리가 있다.

임시선거사무소에는 입간판 등 외부에 장소를 알리는 일체의 표식이 존재하지 않았기 때문에 임시사무소가 위치한 건물의 입주민들조차 선거관련 임시사무소임을 인식하지 못하고 있었다고 한다. 또한 임시사무소가 위치한 건물들은 대부분 오래된 건물로서 출입 사항을 체크할 수 있는 그 흔한 CCTV조차 설치되어 있지 않아 일부러 이런 건물을 선택하지 않았나 하는 의심을 가질 정도이다. 모 유튜브 방송은 지역선관위 인근의 쓰레기 더미에서 중앙선관위 서버의 관리자용 ID와 PW가 기록된 것으로 추정되는 [그림 2-5]의 문건을 발견하여 큰 충격을 주고 있다. 만약 이것이 사실로 밝혀질 경우, 각 지역 선거관리위원회의 임시선거사무소에서 투·개표에 관한 상상을 초월하는 조작이 행하여졌을 것이라는 것을 강력히 뒷받침하는 증거가 될 것이다.

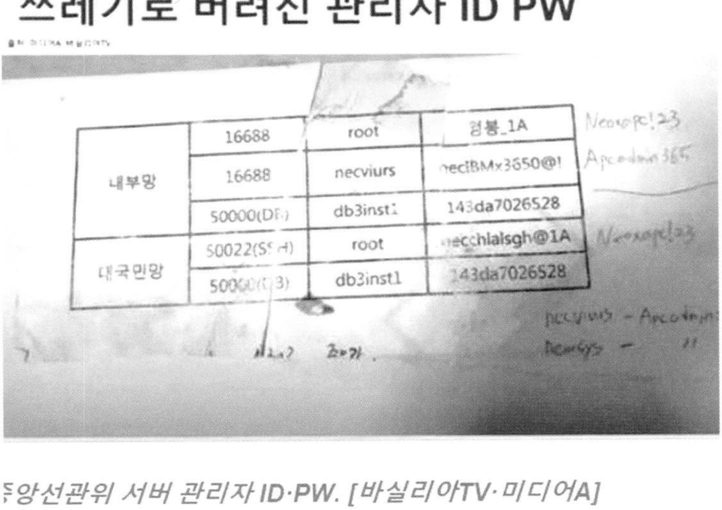

쓰레기로 버려진 관리자 ID PW

중앙선관위 서버 관리자 ID·PW. [바실리아TV·미디어A]

[그림 2-5] 중앙선관위 서버 관리자의 ID와 PW로 추정되는 문건

임시선거사무소에는 일반 인터넷 회선도 설치되어 있었는데, 인터넷 회선과 선거정보통신망이 인접해서 설치되면 선거관련 정보가 인터넷 망을 통해서 해킹될 수 있다는 우려가 있다. 이처럼 중앙선거관리위원회의 모든 업무는 베일에 가려져 있다.

제Ⅲ장

재검표에서
밝혀진
부정선거의 증거들

더 이상의 재검표는 의미가 없어

전국 120여 개 선거구에 대한 선거소송이 제기
되었지만, 이 책을 집필 중인 2021년 10월 말 기준, 단 4 곳의
선거구에서만 재검표가 진행되었다. 2021년 6월 28일 인천 연
수구을, 8월 23일 경남 양산을, 8월 30일 서울 영등포을, 10월
29일 경기도 오산이 그 곳이다. 인천 연수구을 재검표를 참관
한 필자는 6월 29일 새벽녘에 발견한 일명 '배춧잎 투표지'를
본 순간, "아! 이제 끝났다!"라고 소리쳤다. 그러나 그런 나의
기대는 너무 순진한 것임이 곧 드러났다.

재검표는 단순히 투표지를 다시 세어보는 재개표(re-count)와는
다른 절차이다. 그런데 대법원은 재검표를 재개표로 만들어 버
렸다. 재검표 현장에서 다수의 소송대리인들과 참관인들, 그리
고 재검표를 진행한 법원 직원들이 많은 부정선거 증거들을 발

견했지만, 대법관은 그 증거들은 별도로 보관하고 후에 정밀감
정을 실시하겠다고 하였다. 그리고 4개월이 지나도록 정밀감
정은 이루어지지 않고 있고, 청주 상당구의 경우에는 재검표
일자가 두 번이나 연기되더니 급기야는 내년 재보궐선거 이후
로 미뤄졌다.

재검표가 진행될수록 비정규투표지로 의심되는 투표지는 점점
더 많이 나오는데, 선거관리위원회와 대법관들의 행동은 점점
도를 넘고 있다. 2021.10.29. 경기도 오산시 선거구의 재검표
에서는 투표관리관의 사인이 날인되지 않은 투표지가 발견되
었지만, 대법관들은 이 투표지들을 유효한 표로 처리했다. 소
송 원고와 대리인 및 참관인들은 더 이상의 재검표는 의미가
없다고 판단하고, 재검표를 중단하고 퇴장하는 초유의 사태가
발생하였다.

대법원이 보관하던 감정목적물 중 '배춧잎 투표지'와 '이바리 투
표지'가 바뀌었을 것으로 의심된다. 그래서 저자는 6월 28일 인천
연수구을 재검표에 참관했던 옥은호, 조슈아, 이두우 그리고 도태
우 변호사와 함께 공동으로 대법원을 검찰에 고발한 상태이다.

01

지역구 투표지와 비례대표 투표지가
중첩 인쇄된 배춧잎 투표지

1.1. 배춧잎 투표지의 등장

      2021년 6월 28일 인천 연수구을 재검표가 시작되어 자정을 넘긴 29일 새벽녘에 발견된 일명 배춧잎 투표지로 인해 재검표장은 수군거림으로 뒤덮였다. 그 투표지를 두 눈으로 직접 확인한 저자는 "아! 이제 끝났네!"라고 큰 소리로 외쳤다.

우선 배춧잎 투표지라 불리는 문제의 투표지가 어떤 모습이었는지를 살펴보자. 6월 29일 새벽 1~2시경 발견된 배춧잎 투표지는 지역구 사전투표지 하단에 초록색의 비례대표투표지 일부가 겹쳐진 모습이었다. 누가 보아도 정상적인 사전투표용지 발급기에서 출력된 투표지가 아님이 분명했다.

발견된 배춧잎 투표지를 촬영하려고 하자, 3번 테이블 책임자

부장판사는 제지하면서 대법관의 승인이 있어야 한다고 대법관에게 그 투표지를 가져갔다. 그것을 본 천대엽 대법관도 이상하다고 생각했는지 감정목적물로 보관하도록 지시했다. 배춧잎 투표지가 감정목적물로 분류되어 처리되는 동안 소송대리인단에서는 대법관에게 사진촬영을 요청하여 대법관의 승인을 받았다. 그런데 막상 촬영하려고 하자 감정목적물을 취급하던 법원 직원은 "이미 봉인처리가 되어서 사진촬영이 불가하다."며 사진 촬영 요구를 거부하였다.

1.2. 다른 모습으로 태어난 배춧잎 투표지들

[그림 3-1]과 [그림 3-2]는 각각 조슈아와 도태우 변호사가 재검표를 마치고 나온 즉시 기억을 되살려 재구성한 배춧잎 투표지의 형태이다. 조슈아는 [그림 3-1]과 같이 2개의 각기 다른 형태의 배춧잎 투표지를 제시했는데, 재검표를 마치고 급하게 재구성한 형태가 좌측 이미지이고, 우측 이미지는 좀 더 시간을 갖고 생각을 다듬어서 다시 재구성한 배춧잎 투표지 이미지이다. 두 형태의 가장 큰 차이점은 좌측 이미지는 배춧잎 부분이 균일하게 인쇄된 반면, 우측 이미지는 배춧잎 부분이 얼룩덜룩하다는 점이다.

당일 소송대리인으로 참가한 변호사와 참관인이 각각 재구성한 배춧잎 투표지의 형태가 이처럼 차이가 나는 것은 짧은 시간동안 살펴본 배춧잎 투표지의 특징이 각각 다르게 기억되고 있기 때문인 것으로 이것은 자연스러운 현상이라고 본다. 두 사람이 재구성한 배춧잎 투표지의 형태가 동일하지는 않지만, 두 가지 모두 하단에 중첩되어 인쇄된 비례대표 투표지 부분이 상당히 충격적인 모습으로 다가온다.

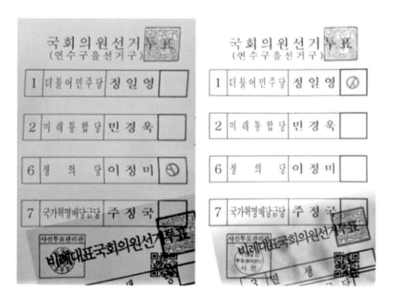

[그림 3-1] 조슈아 기억에 의존해 재구성한 2가지 모양의 배춧잎 투표지

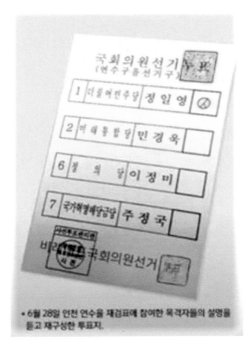

[그림 3-2] 도태우 변호사 기억에 의존해 재구성한 배춧잎 투표지

반면 [그림 3-3]은 대법원이 재검표 후 작성한 조서에 포함된 배춧잎 투표지의 복사본이며 [그림 3-4]는 당일 재검표 현장에서 배춧잎 투표지를 촬영한 현장사진이다. 이에 대해서 당일 참관했던 저자의 입장에서 아래 두 가지 사항을 짚고 넘어가지 않을 수 없다.

첫째, [그림 3-3]과 같이 배춧잎 투표지를 컬러가 아닌 흑백 사진으로 조서에 남긴 것은 배춧잎 투표지의 실물 공개를 꺼린 대법원의 얄팍한 꼼수라고 본다.

둘째, [그림 3-4]는 재검표 당일의 현장사진이다. 그런데 이 사진은 재검표 당일 찍은 것임을 입증할 수 있는 참조점이 전혀

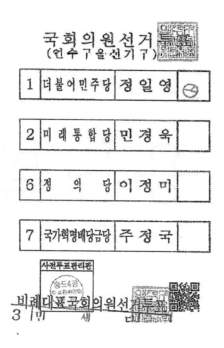

[그림 3-3] 대법원 조서에 포함된 배춧잎 투표지

현장사진 34 : 하단이 중복 인쇄된 투표지

[그림 3-4] 대법원 조서에 포함된 현장사진

없다. 조서에 공개된 42장의 현장사진은 [그림 3-5]에서 보는 바와 같이 재검표 당일 촬영한 사진이라는 것이 확연히 드러나는 반면, 유독 [그림 3-4]로 공개한 현장사진 34는 현장에서 촬영했다는 것을 입증하기 어려운 사진이다.

현장사진 19, 20 : 투표지 분류기를 이용 QR코드

현장사진 35, 36 : 원고 제출 프로그램을 이용 검증

[그림 3-5] 재검표 현장임을 확연히 알 수 있는 조서에 첨부된 현장사진들

1.3. 대법원이 공개한 배춧잎투표지에 대한 의심

[그림 3-6] 대법원에서 열람 · 복사한 배춧잎 투표지

[그림 3-6]은 소송대리인 이동환 변호사가 재검표일 이후에 감정목적물에 대한 열람 · 복사 신청을 통해 대법원에서 직접 촬영한 감정목적물 중 배춧잎 투표지의 이미지이며, [그림 3-7]은 사전투표용지를 출력하는데 사용된 엡손 TM-C3400 프린

터의 매뉴얼 중 프린팅 영역과 용지 절단 위치를 설명한 부분
이다. 롤 용지를 사용한 사전투표용지는 좌·우·상·하 각각
2mm의 여백(margin)이 설정되어 있어서, [그림 3-7]의 노란색
으로 표시된 부분에만 프린팅 되고 좌·우·상·하 끝단으로
부터 각각 2mm 내의 투표용지에는 프린팅이 되지 않는다는
것을 매뉴얼은 설명하고 있다.

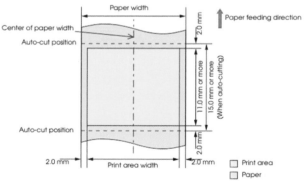

[그림 3-7] 엡손 프린터 TM-C3400의 프린팅 영역 및 절단위치

그런데 대법원에서 열람·복사하여 공개된 배춧잎 투표지 [그림 3-6]은 하단의 좌측과 밑 부분에 여백이 전혀 없다. 이것은 무엇을 말하는 것일까? 첫째, 배춧잎 투표지가 엡손 프린터가 아니고 오프셋 인쇄기에서 인쇄되었을 가능성과 둘째, 엡손 프린터를 이용하여 출력했으나 정상적인 출력이 아니고 폭 100mm를 초과하는 롤 용지에 포토숍 등의 프로그램을 이용해서 배춧잎 투표지를 출력한 후 사전투표용지 폭 100mm에 맞춰 절단했을 가능성을 상정할 수 있다.

사실 4·15 총선의 부정선거 여부는 이 배춧잎 투표지 한 장으로 이미 가려졌다고 볼 수 있다. 왜냐하면 이런 형태의 배춧잎 투표지는 엡손 프린터로는 결코 출력될 수 없는 출력물이기 때문이다. 위에서 언급한 두 가지 가능성 즉, 엡손 프린터가 아닌 오프셋 인쇄기에서 인쇄되었건, 또는 정규 사전투표용지보다 넓은 폭의 롤 용지를 사용하여 프린팅을 한 후 재단을 하였건 간에 모두 정상적인 투표지가 아닌 위조된 부정투표지이다.

더 큰 문제점은 대법원에서 열람·복사를 허용한 [그림 3-6]이 과연 재검표 당일 채증하여 보관한 감정목적물과 일치하느냐

하는 것이다. 그것은 재검표 당일 참가한 변호사와 참관인이 재구성한 [그림 3-1] 및 [그림 3-2] 배춧잎 투표지의 형태와 대법원이 열람·복사를 허용하여 공개된 [그림 3-6]의 형태가 다르기 때문이다. 가장 큰 차이점은 중첩되어 인쇄된 비례대표투표지의 크기와 각도이다. 당일 참석했던 참관인과 변호사는 하단의 비례대표투표지 부분이 경사진 형태로 중첩 인쇄되었음을 주장하는 반면, 대법원에서 공개한 배춧잎 투표지는 하단에 경사가 거의 없이 매우 적은 부분만 중첩되어 인쇄되어 있다. 만일 대법원이 감정목적물을 보관하던 중 누군가에 의해 배춧잎 투표지가 바꿔치기 되었다면 이것은 보통 문제가 아니다. 배춧잎 투표지와 관련해서는 다음과 같은 에피소드가 있다.

2021년 8월 초 모 유튜브 방송에 민간인 J씨가 출연하였다. 그는 [그림 3-1] 좌측 사진을 확대하여 갖고 나와서 6월 28일 재검표 상황에 대하여 나름의 해설을 하면서 다음과 같이 말하였다.

선관위 계장의 기억에 의하면, 중앙선관위 선거 1과 직원들도 나왔었는데, 그 선관위 분들 의견을 다 들어보았습니다. 다들 정확히 기억은 안 나지만 선거계장 입장은 "투표지 밑에 ([그림 3-1] 좌측의 배춧잎 투표지 모형을 가리키며) 이렇게 나온 것이 아니고 밑 부분에 짤막하게 녹색 줄이 있는 것을 보았다. 원래 흰색 종이여야 하는데... 삐딱하지 않고 바르게(평행하게) 녹색으로... 글자라던가 직인은 보지 못했다."라는 것입니다. 이거는 부정선거 주장하는 분들이 시각적 효과를 누리기 위해서 조금 나온 것을 이렇게 삐뚜르 만들어낸 것이죠. 한마디로 상상 속의 이미지입니다. 실제 이미지는 아니고... 실제 이미지는 아닙니다. 절대 오해하시면 안 됩니다.

계속해서 J씨는 사전투표지가 출력된 사전투표소를 찾아서 사전투표관리관의 사실관계확인서에 배춧잎 투표지에 대한 기록을 찾으면 된다고 하더니, 설사 사실관계확인서가 없더라도 그것은 사전투표관리관 또는 투표사무원들의 업무 미숙에 의한 것이라고 두둔하였다. 또한 투표용지발급기에서 사전투표지를 출력하는 과정에 누군가 엉덩이로 프린터기를 건드렸을 경우 롤 용지가 걸려서 멈칫하면서 이런 형태의 출력이 된 것 같다는 중앙선관위 측의 변명을 전하기도 했다.

재검표 현장에 참관인으로 들어가지도 않았던 민간인 J씨에게 중앙선관위 직원들은 왜 저런 정보를 주었을까? 그리고 J씨는 왜 저렇게 중앙선거관리위원회의 입장을 대변하는 것일까? 이것은 감정목적물 제5호에 대해 잘못된 정보를 퍼뜨리려는 중앙선거관리위원회의 의도라고 판단된다.

그 후 8월 하순 오전에 필자는 한 유튜브 생방송에서 중앙선거관리위원회가 알려주는 잘못된 정보를 J씨가 퍼뜨리고 있다고 비판을 했는데, 방송 당일 저녁에 일면식도 없는 J씨로 부터 전화가 와서 배춧잎 투표지를 보았느냐, 한번 만나자는 등의 제안을 해 왔다. 그 후로 한두 번 전화통화는 있었지만, 만남이 성사되지는 않았다.

그렇다면 감정목적물로 지정하여 대법원에서 보관하던 배춧잎 투표지를 [그림 3-6]과 같은 형태로 바꿔야만 했던 이유는 무엇일까? 그것에 대해서는 다음과 같은 추론이 가능하다.

첫째, 재검표 현장에서 발견된 배춧잎 투표지는 엡손 프린터로 출력된 것이 아니고, 인쇄된 인쇄물이었기 때문에 엡손 프린터

로 출력한 투표지로 교체해야 했고,

둘째, 엡손 프린터로는 [그림 3-1] 하단에 나타난 것과 같이 심하게 경사 진 형태의 비례대표투표용지를 중첩하여 출력할 수 없기 때문에 중첩 인쇄된 부분의 경사도를 줄일 수밖에 없었을 것이다.

그러면 여기서 한 가지 의문이 더 남는다. 누군가 고의로 배춧잎 투표지를 바꿔치기 했다면 좌측과 하단에 2mm의 여백을 남기고 위조투표지를 만들어서 바꿔치기를 하지 왜 여백을 남기지 않았을까? 하는 것이다. 그것은 수사를 통해서 밝혀야 하겠지만, 실제 배춧잎 투표지의 가장 큰 문제점인 경사진 형태의 비례대표투표지 부분을 평행하게 바꾸는 것과 중첩된 부분을 축소하는 것에 집중하면서 여백 문제는 미처 생각하지 못했던 것 같다. 사실 엡손 프린터의 인쇄 가능영역에 대한 문제점은 대법원이 배춧잎 투표지의 열람·복사를 허용한 후 인터넷을 통해 알려진 배춧잎 투표지의 모습을 본 다수 전문가들이 함께 연구, 분석하여 밝혀낸 것이다.

배춧잎 투표지와 관련하여 이처럼 원본 문제가 부각된 것은 재검표 당일 발견된 배춧잎 투표지에 대해서 원고측 소송대리인들에게 사진 촬영을 불허한 대법원 측에 잘못이 있다. 또한 원고측 소송대리인 이동환 변호사가 감정목적물 열람·복사를 위해 대법원 사무관을 만났을 당시, 그가 들고 나온 감정목적물이 들어있는 봉투는 아무런 봉인도 되어 있지 않았다고 한다. 거기에 더해서 재검표 당일 대법원 사진사가 촬영한 모든 현장사진을 조서 작성 후에 파기했다고까지 했으니 대법원의 증거 관리가 허술한 것인지 의도적으로 증거를 인멸 한 것인지는 후일 수사를 통해서 밝혀져야 할 문제라고 본다.

02

사전투표지의 측면에 나타난
이바리 흔적

2021년 6월 28일 인천 연수구을 재검표에서 일명 '이바리'라 불리는 종이 자투리가 달린 사전투표지가 1장 발견되었다. 아래 그림은 이바리가 달린 투표지로서 [그림 3-8]은 6월 28일 재검표에 참석한 변호사가 현장에서 촬영한 사진이고, [그림 3-9]는 대법원이 공개한 사진이다.

사진은 1장의 투표지이지만, 사전투표소에서 발급된 투표지가 아님을 알려주는 중요한 단서이다. 엡손 프린터에 사용하는 용지로는 아래 그림과 같은 이바리가 만들어질 수 없기 때문이다. 이바리는 영어로 Burr라고 하는데, 주로 금속 가공 시 제작물 옆에 붙어 있는 얇은 지느러미 모양의 잉여 부분을 말하지만, 종이 인쇄물 재단 과정에서 인쇄물 측면에 남아 있는 지느러미 모양의 짜투리 역시 '이바리'라고 한다.

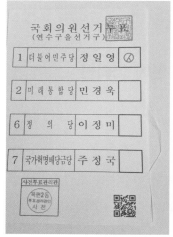

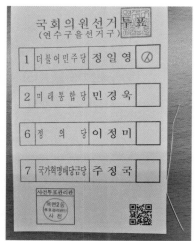

[그림 3-8] 재검표에서 발견한
이바리 투표지

[그림 3-9] 대법원이 공개한
이바리 투표지

엡손 프린터로 출력하는 과정에서 이와 같은 이바리가 만들어
질 수 없는 이유는 우리가 일반적으로 사무실이나 가정에서 사
용하는 A4용지의 출력물에 위와 같은 이바리가 나타나지 않는
것과 같은 이치이다. 롤 용지로 출력되는 사전투표용지에는 이
바리가 나타날 수 없다.

그렇다면 이바리는 어떤 경우에 발생하는가? 프린터로 출력하
지 않고 전지 크기의 종이에 인쇄한 후 재단기로 재단하는 과

정에서 이바리가 발생할 수 있다고 재검표에 참관한 인쇄 전문
가는 증언한다.

혹자는 몇 만 장의 투표지 중 이바리가 달린 1~2장의 투표지가
무슨 대수인가? 라는 질문을 할 수도 있을 것이다. 그러나 인쇄
한 투표지라고 해서 다 이바리가 발생하는 것은 아니고, 수십,
수백 장 전지에 투표용지를 인쇄한 후 재단하는 과정에서 가장
밑에 있는 1~2장의 인쇄물에 이바리가 발생할 수 있다. 따라서
수 만 장의 위조투표지를 만드는 과정에서 이바리가 달린 투표
지는 불과 몇 장만 나오게 되며, 그나마 개표과정에서 이바리
가 떨어져 나갈 수도 있기 때문에 재검표 현장에서 이바리가
달린 투표지가 1~2장 발견되었다는 것은 인쇄된 수 만 장의 가
짜 사전투표지가 있을 수 있다는 것을 암시하는 단서가 된다.

03

한쪽으로 치우친 사전투표지

　　재검표 현장에서는 한결같이 [그림 3-10]과 같이 좌 또는 우측으로 치우친 사전투표지가 다수 발견되었다.

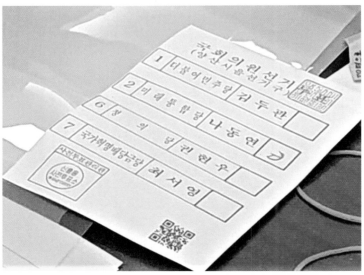

[그림 3-10] 경남 양산을 재검표에서 발견된 좌측 여백 없는 사전투표지

사전투표용지 출력에 사용되는 프린터는 Epson TM-C3400 잉크젯 프린터로서, [그림 3-11]과 같이 폭 100mm의 사전투표용지가 어느 한쪽으로 치우치지 않고 좌우 각각 최소 2mm 여백을 두고 출력된다. 또한 용지 이송장치는 매우 견고하고 특히 프린터 뒷부분에는 locking lever가 있어서 paper feed guide(용지이송장치)를 투표용지 폭과 일치되도록 조정한 후 locking lever를 lock 위치에 두면 용지이송장치가 고정되어서 투표용지가 어느 한쪽으로 치우쳐서 출력되는 것을 방지한다. 4 · 15 총선용 프린터는 M사가 전량 공급했는데, M사의 임원 S씨는 "모든 프린터의 Locking lever를 글루건으로 고정시켜서 납품했기 때문에 사전투표용지가 어느 한쪽으로 치우쳐져서 출력되는 일은 없을 것"이라고 장담했다.

선거일 투표용지와 사전투표용지는 만들어지는 과정이 다르기 때문에 출력물 자체도 확연히 구분이 된다. 선거일 투표용지는 [그림 3-12]와 같이 대형 인쇄기를 사용하여 전지 크기의 용지에 투표용지를 인쇄한 후, [그림 3-13]과 같이 재단기를 사용하여 투표용지 크기에 맞게 절단한다. 이 과정에서 한쪽으로 치우진 투표용지가 나올 수도 있고, 재단기의 칼날이 무뎌질 경우, 투표용지 어느 한쪽에 이바리가 발생할 수도 있다.

록킹으로 Alignment 는 바뀌지 않는다

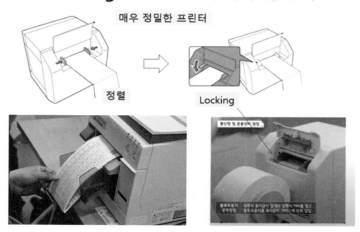

[그림 3-11] 엡손 TM-C3400 프린터의 Locking lever

[그림 3-12] 선거일투표용지 인쇄

[그림 3-13] 재단기를 사용하여 선거일투표용지를 재단하는 모습

반면 사전투표용지는 프린터(엡손 TM-C3400)를 이용하여 한 장
씩 출력하기 때문에 대량 인쇄물의 재단 과정에서 발생하는 한
쪽으로 과도하게 치우치는 현상은 발생하지 않는다.

04

정규규격 투표용지보다
무거운 투표지

필자는 2021년 8월 23일 경남 양산을 검증기일 (재검표)에 참관하지 못했지만, 소송대리인과 참관인들을 통해서 그곳에서 벌어진 일들을 전해들을 수 있었다. 소송대리인으로 입회한 변호사들은 6월 28일 인천 연수구을 재검표 때 보다 통제가 심해졌다는 것을 느꼈다고 한다. 재검표에 다녀온 현성삼 변호사의 페이스북 글 중에서 중요한 대목을 [그림 3-14]로 옮겼다.

투표지 무게가 정규투표지보다 1.7배나 무거운 용지를 쓴 것이 확인되었다면 양산을 선거구의 선거는 무효가 되어야 마땅했다. 그런데 그렇게 중요한 검증을 재검표에서 하지 못한다면 뭐 하러 재검표를 하는지 참으로 한심스럽다는 생각이 들었다.

현성삼
8월 25일 · ✏

8월 23일 양산에 검증기일에 다녀와서..

지난 628 연수을 재검표에서의 경험이 있었기에 제일 중요한 관외사전투표지를 담당하는 1조를 맡게 되었다.

내가 발견한 이상한 투표지들을 나열하면 아래와 같다.

5. 수검표 중간에 참관인인 인쇄전문가분이 잠깐 부탁하여 사전투표지 길이를 재고 정밀저울로 무게를 재었다. 크기는 100mm×155mm가.. 무게는 100장이 264g, 한장이 2.6g으로 나왔다. 무게 잰 직후 들고 있던 펜과 종이로 기록했으니 정확하다.

평량100이면 1제곱미터에 100g이다. 100mm×100mm 투표용지 100장이 100g인거다.

정상적인 평량 100용지라면 155mm×100mm가 100장이면 155g이 되어야한다. 그런데 264g이 나온 것이다. 약간의 오차와 잉크 무게를 감안해도 중량이 심하게 초과되어 평량 100용지를 사용하지 않은 것으로 보였다. 인쇄전문가분 의견은 평량 150짜리로 보인다는 것이었다.

무게를 재고 있으니.. 선관위 직원이 즉시 와서 항의했다. 부장판사가 비공식적으로 잰 것이니 발표하면 안된다고 했다. 대법관님 허락받고 무게 재어보라고 하여 대법관에게 가져가서 허락받으려 했으나 대법관은 단번에 불허했다.

[그림 3-14] 현성삼 변호사 페이스북 글
(2021. 8. 25)

현성삼 변호사의 글을 종합해 보면, 투표지 100장의 무게를 측정해 보니 264g이었고, 그 것은 투표지 한 장의 무게가 2.6g이라는 것이다. 정규규격의 투표지였다면 한 장의 무게는 1.55g이 되어야 한다. 정규규격 투표지는 평량 100용지를 사용하는데, 양산을 선거구 재검표장에서 발견된 투표지는 평량 150, 또는 심지어 평량 170의 용지를 사용했을 것으로 의심되는 투표지가 다량 발견된 것이다.

투표지의 무게를 재고 있으니 선거관리위원회 직원이 와서 항의를 하고, 조재연 대법관은 투표지 무게 재는 것을 불허했다고 한다.

불법으로 위조된 투표지가 발견되었으면 추가 증거 확보를 위해서 의심되는 투표지에 대한 전수조사를 해야 할 대법관이 선거관리위원회의 하수인으로 전락하는 순간을 많은 소송대리인들과 참관인들이 목격한 것이다.

그런데 놀랍게도 불과 일주일 후에 실시된 서울 영등포을 선거구 재검표에서 투표지 무게를 측정해 본 결과 정규규격의 투표지로 판명이 되었다고 한다. 대법관의 승인 하에 투표지 무게를 잰 것이니, 중앙선거관리위원회가 모종의 조치를 해 놓았고 그것을 대법관도 알았다는 것인가? 뚜렷한 증거도 없이 대한민국 사법부를 마냥 의심해야 하는 상황이다.

대법원은 중앙선관위와 한통속이 되어서 재검표를 재개표로 탈바꿈하여 부정의 증거가 나오면 그 자리에서 투표지의 진위를 가리지 않고, 감정목적물로 분류해서 보관한다. 감정목적물 건수도 최소화할 뿐만 아니라 무효표도 가능한 선언하지 않는다. 그리고 감정 기일을 지연하면서 감정목적물에 대한 모종의 조치를 취하는 것은 아닌지 매우 우려가 된다.

대법원은 인천 연수구을 재검표에서 분류한 감정목적물 123매를 감정하는 비용을 원고에게 통보해 왔다. 비용은 총 2,300만 원이라고 한다. 소송당사자인 민경욱 전 의원은 그의 페이스북에 상세한 비용 청구내용을 밝혔다. 대법원이 청구한 비용 내역은 전자현미경 한 번 들여다보는데 8만원, X선 형광분석기로 투표지 한 장 보는데 4만원, 투표지 한 장 두께 재는데 1만 원, 그리고 그냥 현미경으로 한번 보는데도 1만 원이라고 한다. 123장 감정에 2,300만원이 소요되니까, 한 장당 187,000원이 드는 셈이다.

민경욱 전 의원은 미국 애리조나 주 마리코파 카운티의 재검표를 총지휘하는 조반 풀리처 씨와 통화했는데, 그가 제시한 투표지 분석 비용은 한 장당 50센트, 우리 돈으로 600원 가량이라고 한다. 우리나라 대법원은 선거재판은 세계에서 제일 느리게 하면서 감정비용은 세계에서 제일 높게 책정하는 기관이라고 할 수 있다.

05

그 밖의 부정선거 증거들
(사진 자료는 부록 참조)

5.1. 기이한 모양의 기표인이 찍힌 관외사전투표지

경남 양산을에서는 모양이 이상한 기표인의 관외
사전투표지가 상당량 발견되었다. 참가한 현성삼 변호사는 전
체 관외사전투표지 7,362표의 절반 이상에서 이상을 느꼈다고
한다. 정확한 원 모양이 아니고 약간 찌그러진 원, 좌우 비대칭
인 원, 길쭉한 타원형, 한쪽은 둥근데 한쪽은 약간 타원형에 가
까운 모양 등 기표인 상당수가 이상해 보이자 재검표 하던 울
산지법의 직원들도 술렁거렸다고 한다.

최초 100장 중 수십 장을 대법관에게 가져가 감정목적물로 지
정해 줄 것을 요청했지만 조재연 대법관은 허락하지 않았다고
한다. 이후로도 관외사전투표지에서 기표인 이상이 지속적으
로 발견되었지만 대법관이 감정목적물로 지정을 허락하지 않

은 탓에 그냥 넘어갈 수밖에 없었다고 한다. 관외사전투표지가 7천 표 이상이므로 3500표 이상에 해당하는 투표지의 기표인이 정상이 아니었고 이것으로 선거무효가 선언될 수도 있었던 상황이었다고 한다.

5.2. 붙어 있는 투표지

투표지가 2장, 3장씩 붙은 것들도 많이 발견되었다. 자세히 들여다보니 접착제로 붙인 것이 아니고 애초 한 장의 종이가 제대로 안 잘려서 붙은 표들이었다고 한다. 서로 붙은 투표지가 발견되자, 중앙선거관리위원회는 영등포을 선거구 재검표 때부터 전자개표기마다 직원을 배치해서 투표용지를 털어서 붙은 투표용지를 떼어냈다고 한다.

5.3. 신권 다발처럼 빳빳한 투표지 묶음

4·15 총선 개표 당시에는 접히고 구겨져 있던 투표지들이 신권처럼 빳빳한 투표지로 둔갑하여 무더기로 발견되었다. 그런데 빳빳한 다발의 투표지를 아무리 보여줘도 이젠 익숙해져서 그런지 별 반응이 없다. 부정선거에 충분히 익숙해져 있다는 생각마저 든다.

5.4. 일명 '일장기 투표지' 출현

인천 연수구을 재검표에서는 투표관리관 인장이 뭉그러져 형태를 알아볼 수 없는 일명 '일장기 투표지'가 천 장 넘게 발견되었다.

선거일 투표지의 투표관리관 도장은 인쇄된 것이 아니기 때문에 투표관리관이 선거 당일에 투표소에서 각 투표용지 마다 일일이 직접 도장을 찍어야 한다. 그런데 투표관리관 도장이 이런 정도로 뭉그러졌다면 왜 아무런 조치도 없이 그냥 넘어갔을까? 도장을 바꾸거나 준비된 예비도장이 없었다면 투표소에 비치된 사실관계확인서에 이런 특기사항을 기록해 두어야 하는 것이 상식적인 행정처리이다.

5.5 투표관리관 도장이 안 찍힌 투표지

2021년 10월 29일에 실시된 오산 선거구의 재검표에서는 투표관리관의 도장이 찍히지 않은 선거일투표지가 8장이 나왔다. 대법관들은 무효표로 선언하지 않고 모두 유효표로 인정했다. 이로 인해 소송의 원고 및 대리인과 참관인들은 재검표를 거부하고 모두 퇴장하는 초유의 사태가 발생했다.

5.6 그 외의 문제들

서울 영등포 선거구의 통합선거인명부에는 110세 이상 되는 유권자가 45명이나 되고, 134세 유권자도 2명이나 있다. 물론 이분들이 모두 선거를 한 것은 아니기 때문에 부정선거의 증거라고 단정 지을 수는 없지만, 중앙선거관리위원회가 지난 4·15 총선을 준비한 것 중에 제대로 된 것이 무엇인지 묻지 않을 수 없다.

영등포을 선거구의 투표용지를 15개월 동안 보관했던 법원 회의실 손잡이의 봉인 상태가 달라졌다는 이야기도 있고, 2021년 9월 6일 대법원에서 열린 4·15 총선 비례대표 선거무효소송 변론준비기일 재판에서는 민유숙 대법관이 재판을 거부한 초유의 사태가 발생하였다. 민유숙 대법관은 별다른 이유를 제시하지 않고 변론기일과 향후 재판과정에 대해 아무것도 정해줄 수 없다면서 법정을 빠져나간 것으로 알려지고 있다. 군인이 전쟁터에서 싸우는 것을 거부하면 즉결처분이라는 것을 민 대법관은 아는지 모르겠다.

이처럼 대한민국은 지금 정상이 아니다. 대법관들이 솔선해서 대한민국을 아수라로 만들고 있다.

제Ⅳ장

10가지만 바꾸면
선거가 바뀌고
나라가 바뀝니다

10개 항은 반드시 이행되어야 한다

2022년 3월 9일 대선을 향한 여야 후보들의 경쟁이 뜨겁게 달아오르고 있다. 야권 후보들은 후보 단일화만 되면 20대 대통령 선거에서 정권교체가 될 것이라는 자신감을 갖고 있는 듯하다. 그런 가운데 일부 후보를 제외하고는 부정선거를 입에 올리는 것을 금기시하고 있다. 그러나 선거가 공정하고 투명하게 이루어지지 않는다면 어떻게 할 것인가? 2020년 4월 15일 치러진 제21대 국회의원 선거에서와 같은 부정이 또 저질러 질 경우에도 야권 후보가 단일화만 이루면 여권 후보를 꺾고 정권교체를 이룰 수 있을까?

야권 특히 제1야당인 국민의힘당 내에서는 '부정선거'가 금기어로 되어 있다. 제21대 총선에서 부정선거로 인해 낙선한 많은 전직 의원들은 애써 부정선거를 외면하면서 '선거 결과를 겸허히 받아들인다' 는 말을 주문처럼 외고 있다. 대표적인 정치인으로는 오세훈, 나경원, 김진태, 이언주 등을 들 수 있다. 그들이 이처럼 '부정선거' 라는 단어에 경기를 일으키는 듯한 반응을 보이는 것은 '부정선거' 를 입에 올리는 순간 그들의 정치생명이 끝난다고 믿고 있기 때문인 듯하다. 그들은 낙선한 정치인이 낙선의 이유를 자신에게서 찾지 않고 부정선거 때문이라고 말하는 것이 왠지 비겁하고 정치인으로서 당당하지 못하다고 생각하고 있는 듯하다.

그러나 그보다 더 중요한 이유는 부정선거라고 의심하는 것은 곧 중앙선거관리위원회의 권위에 도전하는 것을 뜻하기 때문일 것이다. 사실 선출직 정치인에게 중앙선거관리위원회 눈 밖에 난다는 것은 거의 정치생명이 끝나는 것을 의미하며 '부정선거' 를 주장하는 순간 블랙리스트 명단에 포함될 수 있다는 것을 정치인들은 본능적으로 알고 있는 듯하다.

뒤에 자세히 논하겠지만, 중앙선거관리위원회는 대한민국이 만들어 놓은 괴물에 가까운 헌법기관이다. 대한민국의 모든 선출직 공무원의 운명이 그들 손에 달려있다고 해도 과언이 아니다. 시의원으로부터 대통령에 이르기까지, 심지어 농협 조합장을 선출하는 선거와 각 정당의 대표를 선출하는 선거에 이르기까지 중앙선거관리위원회가 관여하지 않는 선거가 없을 정도이다.

제21대 총선에서 낙선한 오세훈 후보가 서울특별시장 보궐선거에 국민의힘당 후보로 선택되어 서울시장으로 진출할 수 있었던 것도 고민정 현 더불어민주당 의원과의 지역구 선거에서 부정선거로 패하고도 침묵한 대가일 수 있다. 이처럼 '부정선거'는 정치인들에게는 결코 사용해서는 안 될 '죽음의 단어'인 것이다.

그렇다고 해서 2022년 대선을 앞두고 선거의 공정성과 공명성을 짚고 넘어가지 않을 수는 없다. 대선을 앞두고 어떤 방식으로든 '공명선거'를 이뤄야 한다는 데 여야 대통령 후보 간 공감대가 형성되어야 한다. 그렇지 않는다면 2022년 대선에서 당선된 대통령은 '부정선거'라는 커다란 암초에 직면하게 될 것이고, 낙선한 후보 역시 '부정선거'와 자신의 '정치생명' 사이에서 엄청난 갈등을 겪게 될 것이다. 더 큰 문제는 대한민국이 선거를 통해서는 정상적인 정권교체를 이룰 수 없는 나라가 될 것이라는 사실인데, 이는 대한민국 민주주의에 울리는 조종이 될 것이다.

선거가 바뀌지 않으면 대한민국이 바뀌지 않는다. 이런 의미에서 다음 제시할 선거제도 개선 10개 항은 반드시 이행되어야 한다. 다만, 2022년 대통령 선거까지 남은 시간을 고려할 때 10개 항 모두를 반영하기에는 시간적으로 촉박할 수 있기 때문에 여야는 협의를 통해서 적용해야 할 필수 사항을 선택하여 집중하기 바란다. 그런 뒤에 차기 정부가 출범하면 전문가들의 연구와 여야 합의를 통해서 민주적이고 공정한 선거제도를 갖추어야 할 것이다.

01

사전투표는 폐지하고 당일투표를
2일로 늘린다

사전투표의 가장 큰 장점은 누구든지 전국 어디에서나 투표를 할 수 있다는 점이다. 그러나 장점이 큰 만큼 그에 따른 문제점도 많다. 4·15 총선에서 드러난 많은 문제점은 사전투표로부터 출발하고 있다. 사전투표가 지닌 문제점을 다시 한번 정리하면 아래와 같다.

(1) 선거일 4~5일 전 사전투표를 한 유권자는 이후에 발생하는 정치적 상황의 변화에도 불구하고 후보 선택을 변경할 수 없다.

(2) 전국 3,500여 개 투표소에서 투표하려는 모든 투표자는 자신의 신분증을 선거전용통신망에 연결하여 신원을 확인한 후 투표용지를 발급받기 때문에 투표인원을 중

앙집권적으로 계수하고 있다. 이 과정에서 중앙선거관리위원회가 투표인원을 조작할 수 있는 여지가 있다.

(3) 사전투표를 마친 후 투표함이 보관되는 4~5일 동안 투표함에 대한 안전이 보장되지 않는다. CCTV로 감시를 한다고 하지만 (2)번 단계에서 투표인원을 부풀렸다면 투표함 속에 있는 투표지를 교체 또는 추가할 수 있는 가능성이 열리게 된다.

(4) 선거전용통신망을 통하여 선거인의 개인정보를 중앙선관위로 전송해야 하기 때문에 선거인의 투표성향이 유출될 가능성이 있다.

이러한 문제점을 해결하는 방안으로 사전투표를 없애고 당일투표로 대체하는 방안을 제시한다. 투표인원 대비 투표시간이 부족한 것을 해결하기 위해서 당일투표를 2일로 늘리되 금요일 06:00부터 다음 날인 토요일 18:00까지 36시간 투표를 하는 방안이다.

이 방안은 토요일을 포함해서 36시간 연속 투표를 하기 때문에 낮에 바쁜 사람 또는 주중에 바쁜 유권자들도 모두 투표를 할 수 있다는 장점이 있다. 또한 투표가 연속으로 이루어지기 때문에 투표함을 보관할 필요가 없고 투표가 끝나면 바로 개표로 이어질 수 있어서 부정선거의 가능성을 획기적으로 줄일 수 있다.

사전투표를 폐지함으로 인해 수반되는 부수적인 선거제도의 변경은 부재자투표의 부활과 QR코드 사용의 중단이다. 당일투표를 할 수 없는 군 복무자와 재소자 등을 위해서는 예전의 부재자투표제도를 부활하면 된다. 이같이 사전투표를 없애고 당일투표를 2일 동안 시행하는 방안은 더 많은 국민이 편리하게 투표에 참여하도록 하는 제도로부터 부정선거의 가능성을 획기적으로 줄이는 데 중점을 둔 선거제도로의 변화를 의미한다.

사전투표를 폐지하기 때문에 당연히 투표용지에 포함하여 출력하던 QR코드 사용은 중단하게 된다. 투표용지에 QR코드는 물론 바코드도 인쇄해서는 안 되는 이유는 개표과정 또는 그 이후에 특정 투표지가 누구에 의해 투표된 것인지가 밝혀질 수 있기 때문이다. 이는 비밀투표원칙을 훼손하는 대단히 심각한 문제이다.

2022년 대통령 선거에서 여야가 합의하여 사전투표를 폐지하고 36시간 연속 투표 시스템을 채택할 수 있으면 최선이지만, 여야의 입장 차이로 인해 합의가 이루어지지 않아 불가피하게 사전투표를 해야 할 경우라면, 최소한 사전투표함을 공개된 장소에 보관하고 투표용지에 QR코드를 포함하지 않는 조치가 필요하다.

현재는 사전투표가 완료되면 3,500여 개소의 사전투표관리관은 사전투표함을 해당 구·시·군 선거관리위원회로 송부하고 선거관리위원회는 건물 내에 투표함을 보관하며 중앙선거관리위원회가 CCTV로 감시한다. 그러나 이 단계에서 불필요한 오해가 많이 발생하고 있고, 선거관리위원회의 배타적 통제 하에 사전투표함이 보관되기 때문에 계획적인 부정행위가 발생할 가능성도 있다.

이러한 부정의 가능성을 차단하기 위해서는 사전투표를 마친 사전투표함을 선거관리위원회 내부의 비공개 장소가 아닌, 선거관리위원회 지역 내의 공공장소에 보관하고 정당 관계자 및 일반 시민의 감시 하에 두어야 한다. 예를 들어 선거관리위원회 지역 내의 학교 운동장 또는 공원의 공터에 컨테이너를 가져다 놓고 사전투표함을 그 안에 보관하는 방안을 들 수 있다. 약 5일 간 사전투표함을 보관하는 기간 중에는 무장 경찰관과 선거관리위원회 직원이 24시간 교대로 지키고 정당 관계자와 지역 주민들도 자유롭게 참관할 수 있도록 허용한다면 절대로 투표함에 이상이 발생하지 않을 것이다.

사전투표함에 아무도 접근하지 못하도록 하는 것은 안전을 담보하는 방안이 될 수 없다. 오히려 공개된 장소에 개방적으로 보관함으로써 많은 사람이 투표함을 지켜보도록 허용 하는 것이 안전을 담보하는 방안이 될 것이며, CCTV를 설치하여 추가적인 보안대책을 확보할 수도 있다.

사전투표를 없애고 당일투표를 2일로 연장하는 방안을 요약하면 다음과 같다.

⑴ 관내·관외 사전투표제도를 폐지하고 당일투표를 2일간
실시한다.
- 금요일 06:00~토요일 18:00 무중단 투표

⑵ 사전투표를 없애기 때문에 선거일투표를 할 수 없는 군
복무자와 재소자를 위하여 기존의 부재자투표제도를 부활
한다.

⑶ 사전투표제도가 폐지되기 때문에 투표용지에 QR코드는 물
론 바코드도 넣지 않는다. 설사 2022년 대선에서 사전투
표가 시행되더라고, 투표용지에 QR코드 또는 바코드를 넣
지 않는다.

02

투표함 이동을 금지하고
투표한 곳에서 개표한다

　　현행 선거절차는 투표소와 개표소가 이원화되어 있다. 개표는 각 지방 선거관리위원회의 감독 아래 이루어지도록 공직선거법이 정하고 있기 때문이다. 그러나 현 공직선거법에도 한 개의 선거관리위원회 내에 2개 이상의 개표소를 설치할 수 있도록 규정하고 있기 때문에(공직선거법 제172조 개표관리) 투표한 곳에서 개표하는 것이 불법은 아니다.

제21대 국회의원 선거를 기준으로 사전투표소는 3,508개소, 선거일투표소는 14,330개소, 그리고 개표소는 전국에 251개소가 운영되었다. 따라서 사전투표가 종료되면 3,508개소의 사전투표함이 249개 선거관리위원회로 이동되어 보관되고, 선거일투표가 종료되면 14,330개소의 투표함이 251개소의 개표소로 이동하게 된다.

이처럼 전국적으로 투표함이 이동되는 과정에 과연 아무런 문제가 없다고 장담할 수 있을까? 그래서 지금과 같은 집중(통합)개표 대신에 투표한 곳에서 개표하는 분산개표를 제안한다.

[그림 4-1]은 제21대 국회의원 선거의 통계치를 적용하여 집중(통합)개표와 분산개표를 비교해 본 것이다. 현재와 같이 투표소와 개표소를 분리하여 운영한다면 사전투표와 당일투표를 포함하여 전국 17,800여 개소의 투표함이 251개 개표소로 모이게 된다. 총 투표인원이 2,900만 명 정도이니까 개표소 당 약 23만 표의 투표지가 몰린다.

대통령 선거의 경우에는 하나의 선거만 있지만 지방선거에는 최대 7종류의 선거가 동시에 치러진다. 따라서 대통령 선거의 경우 개표소 당 11.6만 표, 국회의원 선거의 경우 지역구와 비례대표선거가 있기 때문에 개표소 당 23.2만 표, 그리고 지방선거의 경우 개표소 당 평균 81만 표가 몰리게 된다. 이처럼 많은 투표지를 개표해야 하기 때문에 어쩔 수 없이 전자개표기(투표지 분류기)를 사용해야 하는 구조이다.

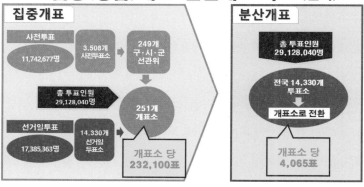

[그림 4-1] 집중(통합)개표와 분산개표 비교 (4 · 15 총선 통계치 기준)

만일 사전투표를 없애고 전국 14,330개소의 투표소에서 투표
가 종료된 후 개표를 한다면 국회의원 선거를 기준으로 1개 개
표소 당 평균 4,000여 표만을 개표하면 된다. 당연히 전자개표
기는 필요 없고 개표사무원들이 수개표로 2시간 이내에 개표
를 마칠 수 있다. 개표가 끝나면 각 개표소는 개표록을 작성하
고, 중앙선거관리위원회와 연결된 선거전용통신망을 이용해서
개표결과를 중앙선거관리위원회로 보고하면 개표사무는 3시
간 이내 종료될 것이다.

중앙선거관리위원회는 투표한 곳에서 개표하는 분산개표를

하게 되면 헌법상 독립기관이자 합의제 의결기관인 구·시·군 선거관리위원회의 관리·통제가 불가하기 때문에 집중(통합)개표를 해야 한다는 입장이다. 분산개표의 경우 투표관리관으로 위촉된 국가·지방공무원 등 1명이 개표 전반을 총괄 관리해야 하는데, 이 경우 공정성·전문성 저하로 인한 투표지의 유·무효 판단, 사건·사고 대처와 투표소의 보안문제, 현행 개표방식보다 더 많은 개표 인력과 비용이 소요되는 단점이 있다고 밝혔다.

그러나, 23만 표가 넘는 투표지를 모아놓고 집중개표를 하는 것과 불과 4천여 표(대통령 선거의 경우라면 2천여 표)를 투표한 곳에서 차분히 개표하는 것과 어느 것이 더 좋은 방법일까? 선거관리위원회가 개표에 얼마나 전문성을 가지고 있을까? 그들은 상근위원도 아니고 선거 때와 필요시에만 소집되어 사무를 본다. 그리고 개표사무에 무슨 특별한 전문성이 요구되는 것도 아니다. 2020년 4·15 총선 이후 발생한 숱한 문제점을 보고도 전자개표기를 사용할 수밖에 없는 집중개표를 고집하는 것은 올바른 판단은 아니다. 구·시·군 선거관리위원회와 읍·면·동 선거관리위원회 위원 추가 위촉, 각급 선거관리위원회 직원의 개표소 배치 및 각 투표소에 투표관리관을 추가 위촉하는 등의 적극적인 방법을 강구하면 투표함 이동과 전자개표기 사용 등에 따른 부작용을 해소하면서 원활하게 개표 사무를 이행할 수 있다고 본다.

현행 집중개표소는 그 규모가 워낙 크고 전자개표기가 계속 돌아가기 때문에 참관인들의 역할이 큰 의미가 없다. 그러나 상대적으로 좁은 공간에서 분산개표를 하게 되면 개표 참관인들이 감시 기능이 증대되고 짧은 시간에 집중적으로 개표가 가능하다. 유·무효표 판단을 걱정하는데, 유·무효표 판단은 이미 중앙선관위가 정해 놓은 판단 기준이 있기 때문에 기계적인 판단이 가능하다. 전문성에 대한 우려가 크다면 구·시·군 선거관리위원회에 관내 개표에 대한 최종 판단을 위한 기동지원팀을 운영하거나, 중앙선관위 차원에서 온라인 판정 시스템을 구축하여 전국 개표소를 연결하면 해결이 가능하다고 본다.

2022년 대선에서 어쩔 수 없이 사전투표를 시행해야 한다면, 사전투표함은 251개 개표소로 이동하여 개표하고, 나머지 전국 14,330개 투표소는 개표소로 전환하여 개표업무를 시행하면 된다. 이 경우 251개 개표소에 사전투표지 1,174만표가 집중됨으로 개표소 당 46,780여표를 개표하고, 선거일 투표를 마친 전국 14,330여개 투표소는 개표소로 전환하여 1개 개표소 당 1,200여 표만을 개표하면 된다. 아마도 선거 역사상 가장 빠른 선거 결과가 집계될 것으로 예상된다.

이러한 분산개표의 장점은 빠른 개표결과를 확인할 수 있다는 것 이외에도 집중(통합)개표에 비하여 비용을 줄일 수 있고 전자개표기를 사용할 필요가 없어지게 되며, 무엇보다도 투표함이 이동하는 과정에서 발생할 수 있는 모든 종류의 부정 소지가 해소된다는 점이다.

따라서 투표한 곳에서 개표하는 분산개표 방안을 다음과 같이 제시한다.

(1) 투표가 종료되면 전국의 투표소는 개표소로 전환하여 그 자리에서 개표한다.

(2) 개표에는 모든 종류의 전자식 또는 기계식 장비의 사용을 금지하고, 모든 개표는 수동으로 진행한다.

(3) 개표사무에 대한 최종 책임은 각 개표소에 개표관리위원회를 설치하여 담당한다. 개표관리위원회는 각급 선거관리위원회에서 배치되는 위원·직원과 해당 투표소의 투표관리인·부관리인 등으로 구성한다. 사전투표를 폐지하고 당일 투표를 2일로 연장할 경우에 투표소 투표관리인을 현재의 1인에서 2인으로 늘려서 부투표관리인을 임명한다.

(4) 개표관리위원회가 결정하기 어려운 전문적 사무에 대해서는 구·시·군 선거관리위원회에 기동지원팀을 운영하거나, 중앙선관위 차원에서 온라인 판정시스템을 구축하여 전국 개표소를 연결하여 지원한다.

03

투표인원만 잘 세어도 부정선거 절반은 막는다

　　부정선거의 가장 쉬운 방법은 투표인원을 부풀리는 것이다. 실제로는 50%의 유권자가 투표를 하지만 10% 정도 부풀려서 가짜 투표지를 만들어 투표함에 넣는 것이 가장 쉬운 부정선거의 방법이다. 60여 년 전 3·15부정선거에서는 사전투표지를 미리 투표함에 넣고 투표를 시작했다. 아주 단순·무식한 방법이다. 지금도 그 방법이 가장 유효한 방법이다. 다만 방법이 조금 세련되어졌을 뿐이다. 투표함에 미리 투표지를 넣어 놓는 것은 투표참관인 제도가 있기 때문에 불가능한 일이 되었다. 그리고 예전의 수법인 개표 시 정전을 만들어서 무더기 표를 넣는 일도 지금 세상에서는 쉽지 않다.

현행 투표제도에 있어서 투표인원을 부풀리는 방법은 사전투표인원을 조작하는 방법이 그나마 가장 유력한 방법이다. 사전투표소에서는 투표인원을 세지 않는다. 그 대신 중앙선거관리 위원회의 중앙서버가 매 시간 투표인원을 발표하고 있다. 이것이 어떻게 가능한지 살펴보자.

현재의 사전투표는 관내사전투표이건 관외사전투표이건 투표장에 들어서면 자신의 신분증을 본인확인기에 넣는다. 이 정보는 명부단말기를 거쳐 선거전용통신망을 통해 중앙선관위의 통합선거인명부시스템에 연결된다. 이 때 투표인이 어느 선거구에 거주하는 유권자인지가 파악되어 투표용지가 출력되는데 여기에는 일련번호가 담긴 QR코드와 유권자가 투표를 하는 곳의 사전투표관리관인(도장)이 함께 출력된다. 이렇게 전국적으로 연결된 네트워크 기반의 사전선거에서는 투표한 인원에 대한 집계를 중앙선관위의 선거전용 서버만이 할 수 있다. 왜냐하면 전국 각지에서 이루어지는 관외사전투표에 대한 정보를 해당 선거구에서는 전혀 알 길이 없기 때문이다.

사전투표에서 투표인원을 부풀리는 것을 방지하기 위해서는 사전투표를 폐지하는 것이 가장 좋은 대책이지만, 사전투표가 있더라도 투표하는 인원만 잘 세면 부정선거를 최대한 막을 수 있다. 투표인원을 가장 잘 세는 방법은 투표함 뒤에 대형 계수기를 비치하고 투표자가 기표한 투표지를 투표함에 넣을 때마다 투표사무원이 계수기를 작동시켜 투표인원을 정확히 계수하는 것이다.

추가적으로 투표함을 투명한 플라스틱 또는 아크릴로 만들어서 투표참관인들이 항상 그 내부를 지켜볼 수 있게 만드는 것도 부정투표지 삽입을 방지하는 좋은 방안이다. 프랑스가 현재 투명한 투표함을 사용하며, 투표한 곳에서 개표하는 시스템을 채택하고 있다.

사전투표제도의 유무와 관계없이 모든 투표소에서는 실시간 투표인원을 계수하여 매 시간 선거전용통신망을 통해서 중앙선거관리위원회로 보고하고 중앙선관위는 전국 투표소로부터 보고된 투표인 수를 합산하여 시간별 정확한 투표인원 수를 발표하면 된다.

따라서 부정선거 방지를 위한 중요한 대책의 하나인 투표인 수를 잘 세는 방법을 아래와 같이 제시한다.

(1) 부정선거를 방지하는 가장 근본적인 대책은 투표인원을 정확히 셈으로써 투표인원이 부풀려지는 것을 방지하는 것이다. 사전투표는 선거인 명부 없이 이루어지는 투표로서 정확한 투표인 수를 계수할 수 없다는 치명적 단점이 있다. 모든 종류의 투표에서 투표함 뒤에 대형 계수기를 비치하고 투표자가 투표지를 투표함에 넣을 때마다 투표사무원이 계수기를 작동시켜 누적 투표인원을 계수한다면 컴퓨터에 의한 투표자 수 부풀림을 방지할 수 있다.

(2) 투표함을 투명한 플라스틱 또는 아크릴로 만들어서 부정투표지가 들어갈 수 없도록 한다.

(3) 투표소의 누적 투표인 수는 매우 중요한 통계자료이다. 모든 투표소는 매 시간 누계 투표자 수를 집계하여 선거전용 통신망을 이용하여 중앙선거관리위원회로 보고하고, 중앙선거관리위원회는 보고된 각 투표소별 투표인원을 합산하여 언론에 공개하고, 그 내용을 홈페이지에 시간대별로 게시한다.

04

우편투표는 우정사업본부장이
책임져라

4 · 15 총선 전체가 부실과 부정으로 점철되었지만, 특히 우편을 이용한 관외사전투표는 이해하기 어려운 부분이 너무 많다. 관외사전투표 272만 표를 전수조사한 박주현 변호사는 그중 110만 표가 의혹 대상이라고 말한다. 배송경로가 위조 되었거나, 접수자 오류, 번개 배송 등 도저히 일어날 수 없는 일들이 벌어졌다. 이것을 우정사업본부 업무시스템의 착오라 하기에는 그 규모가 너무 크다. 272만 건의 배송 중 110만 건이 착오를 일으켰다면 착오율이 40%를 상회하는 데, 이 정도의 불량률이라면 우정사업본부는 우편업무에서 손을 떼고 민간으로 사업을 이관해야 할 것이다. 상세한 내용은 부록 4에 수록하였다. 이 같은 상황에서 황교안 전 대표는 2021년 9월 25일 그의 페이스북에 [그림 4-2]와 같은 글을 올렸다.

이처럼 허술하게 관리되는 관외사전투표는 폐지하는 게 정답

이다. 그럼에도 불구하고 우편배송을 통한 투표를 완전히 없앨

수 없는 이유는 사전투표가 폐지되더라도 여전히 부재자투표

<중앙선관위는 글씨, 깨씨, 총씨, 히씨 성을 가진 직원들을
찾아 내십시오>

2020년 4.15 총선 당시 사전선거 우편투표 접수 업무에
종사했던 선관위 직원들 가운데는 한국에는 전혀 없는
희한한 성씨를 가진 분들이 대거 등장했습니다.

그분들 이름은 글x은, 깨x을, 총x진, 히x주...님 등
다양했습니다.

글x은님은 3,852 명의 유권자가 사전 투표한 등기 우편물을
접수했습니다.

깨x을님은 2천597 명의 유권자의 사전 투표 등기 우편물을,
총x진 님은 3,201 명의 유권자, 히x주님은 2,973명의 등기
우편물을 수령한 것으로 기록돼 있습니다.

2020년 세계 10위권의 선진국인 대한민국에서 벌어진,
도저히 이해할 수 없는 일입니다.

당시 중앙선거관리위원장은 화천대유 고문을 맡는 바람에
유명해지니 권순일 전 대법관입니다.

권 전 대법관은 지난해 10월 중앙선관위장 퇴임식에서
총선이 코로나 바이러스 사태 속에 치러진 점을 강조하려는
듯 "모든 역경과 고난을 이겨내고 관리한 이번 선거는 우리
선거사에서 훌륭한 선거로 기억될 것"이라면서 "선거 때마다
합리적인 근거 없이 의혹을 제기하면서 선거 결과를
부정하는 행위는 사라져야 할 것"이라고 말했습니다.

과연 권 전위원장 말 대로 지난해 총선이 '훌륭한 선거'
였을까요? 지금 다 드러나고 있습니다.

권 전위원장은 선관위원 임기가 6년이지만 역대
중앙선거관리위원장은 대법관 임기 종료후 위원장직에서
사임했던 전례를 깨고 두달 가까이 위원장 자리에 머물다
선관위 간부 인사를 마친 뒤 물러나 비판을 받았습니다.

퇴임해야 하는 중앙선거관리위원장이 자기 사람을, 아니면
문정권이 희망하는 사람을 굳이 선관위 요직에 앉히는
인사를 했었어야 했던 이유가 무엇이었는지 새삼
궁금해집니다.

[그림 4-2] 황교안 페이스북 글 (2021.9.25.)

는 우편을 통해서 배송되어져야 하기 때문이다. 관외사전투표가 계속될 경우 또는 사전투표제도가 폐지되어 부재자투표로 바뀌어도 우편으로 투표지를 배송해야 하는 한 이에 대한 확실한 절차를 수립해야 한다. 따라서 다음과 같이 우편투표 절차 개선안을 제시한다.

(1) 각급 선거관리위원회는 우편투표를 보관할 우편투표함과 우편투표 접수대장을 준비하고 우편투표함을 비추는 CCTV를 설치한다.

(2) 우편투표지를 배송하는 집배원은 배달하는 총 매수를 우편투표 접수대장에 기록하고 봉투를 직접 우편투표함에 집어넣는다.

(3) 우정사업본부장은 선거기간 중 우편투표지 수·발신 현황을 1일 단위와 누계로 집계하여 홈페이지 및 언론에 공개한다.

(4) 각급 선거관리위원장은 선거 종료 후 2일 이내에 우편투표자 전원에게 우편투표지 수령확인증을 등기로 발송한다.

05

임시선거사무소를 폐지한다

제2장에서 살펴보았지만, 각 선거관리위원회 내에 설치된 임시선거사무소는 매우 수상쩍은 공간이다. 만일 시민들과 유튜버들이 임시선거사무소 운영에 관한 증거를 찾아내지 못했으면, 임시선거사무소의 존재는 밝혀지지 않았을 것이다.

임시선거사무소가 어떤 업무를 수행하는지, 정당한 예산 반영을 통해 설치되는지, 선거정보통신망 외 어떤 통신망과 장비를 설치하는지, 과연 누구의 업무통제를 받는 사무소인지 등 베일에 싸인 것이 너무 많다. 따라서 임시선거사무소에 대해서 여야는 물론 시민들도 관심을 가져야 한다. 중앙선거관리위원회는 임시선거사무소에 관한 모든 것을 밝혀야 하며, 그 필요성이 인정되지 않을 경우 폐지하는 것이 마땅하다. 따라서 임시선거사무소에 대해서는 다음과 같은 조치가 필요하다.

(1) 중앙선거관리위원회는 2022년 대선을 위해 설치할 임시선거사무소의 전모를 공개한다.

   – 임시사무소 설치 근거, 예산 현황, 수행 업무, 사무소 내 설치 장비 현황 등

   – 임시사무소 설치 규모 및 전국 임시사무소 위치와 전화번호

(2) 투표일(사전 및 선거일 모두) 임시선거사무소에 대하여 각 후보 참관인의 입회를 허용한다.

(3) 중앙선거관리위원회가 위 2개 항의 요구를 거부할 시에는 임시선거사무소를 폐지한다.

06

투 · 개표 사무는 대한민국
국민이 맡는다

투 · 개표 사무원은 선거인의 신분 확인, 투표 안내, 투표함 봉인과 개함 및 집계 등 투 · 개표 절차상 엄격한 공정성이 요구되는 업무를 보조하고 있다. 당적을 가진 경우에도 허용되는 투 · 개표 참관인과는 달리 투 · 개표 사무원은 당적이 없어야 하고 나아가 공정하고 중립적이어야 한다. 이런 이유에서 2018년 4월 6일 이전에는 선거일 3일 전까지 위촉된 투표사무원과 개표사무원의 성명을 공고하도록 하여, 사전에 공고된 투 · 개표 사무원의 성명과 실제 업무를 수행하는 사무원의 성명이 일치하는지 여부를 선거인들이 손쉽게 확인할 수 있었다.

그런데 이처럼 중요한 투 · 개표 사무원 선발에 관한 법 조항이 2018년 4월 6일 이후 삭제되었다. 그 이후 다수의 중국인이 투·개표 사무원으로 참여했다는 사실이 언론 보도를 통해서 알려졌다. 언론 보도에 따르면 제21대 총선에서 각 선거구의 개표사무원 200~300명 중 상당수가 국내에 거주하는 외국인, 특히 중국인 혹은 중국동포(조선족)로 추정된다는 것이다. 서울 은평구 선거관리위원회에 따르면 개표사무원은 시·도 선관위가 위촉하도록 되어 있는데 지난 선거에는 '시민의눈'이라는 특정 단체가 은평구 선관위에 다수의 중국인을 추천했다고 한다. 이는 유튜버 채널 '하면되겠지' 등에서 확인된 사실로, 선관위가 개표사무원을 공개모집 하지 않고 시민단체 '시민의눈'이 추천하는 '의용소방대' 인원을 대거 투·개표 사무원으로 위촉했다고 한다.

문재인 정권 출범 후 중앙선거관리위원회는 치밀한 계획을 통하여 대한민국의 선거제도를 하나씩 무력화하고 있다. 투·개표 사무원 문제만 하더라도 2018년 4월 6일 투·개표 사무원의 성명을 공고하는 법 조항을 폐지하고, 좌파 시민단체인 '시민의눈'과 공모하여 중국인이 대거 포진된 지역 민간단체 '의용소방대'를 투·개표 사무원을 모집하는 원천으로 활용한 것이다. 아마도 '시민의눈'은 국내에 거주하는 중국인들에게 지역 '의용소방대'에 가입을 권유했을 것으로 추정된다.

선거는 민의를 반영하여 자유민주주의를 완성하는 국가의 중요한 대사이다. 그리고 선거의 하이라이트는 투표와 개표과정이다. 이러한 국가 중대사에 외국인의 손을 빌린다는 것은 법규정을 떠나서 국민적 상식에 부합하지 않는다. 특히나 이념 편향적 단체인 '시민의눈'이 추천하는 '의용소방대' 요원을 투·개표사무원으로 대거 위촉하는 것은 기회의 평등에도 맞지 않을뿐더러 선거를 이념 대결로 몰고 가려는 중앙선거관리위원회의 사무처리를 적나라하게 드러내는 처사이다.

투·개표 사무원을 우리 국민으로 위촉하여 그들에게 자유민주주의가 작동하는 현장을 직접 경험케 하는 것은 민주주의의 발전에 큰 도움이 되며, 그렇게 참가하여 수고한 이들에게 보람 있게 일한 대가도 지불할 수 있으니 일거양득이 아닐 수 없다.

따라서 2022년 대통령 선거 이전, 투·개표 사무원과 관련된 아래 사항이 반드시 이루어져야 한다.

(1) 2022년 대선에서는 투·개표 사무를 담당할 사무원에 외국인을 배제하고 반드시 대한민국 국민을 위촉한다.

(2) 투·개표 사무원 위촉 시 투표일 3일 전까지 그 성명을 공고하도록 하는 공직선거법 개정안을 신속히 입법화한다.

※ 이와 관련한 자유수호포럼의 성명서는 부록 5에 수록

07

선거관리위원회와 선거소송
관장 기관을 분리한다

4 · 15 총선에서 드러난 많은 문제점은 우리를
놀라게 한다. 어떻게 중앙선거관리위원회가 그처럼 막강한 권
한을 휘두르는 대한민국 최고의 권력기관이 되었을까? 그것은
중앙선거관리위원회가 헌법에 근거를 둔 헌법기관이며, 중앙
선거관리위원장을 사법부의 최고위직인 대법관이 맡고 있기
때문이다.

선거관리위원회는 모든 공직선거에 관한 사무를 담당하기 때
문에 선출직 공무원에게는 매우 두려운 존재이다. 선거관리위
원회의 조직은 [그림 4-3]과 같이 중앙선거관리위원회 예하에
행정기관에 대응한 17개 시 · 도 선거관리위원회, 249개 구 ·
시 · 군 선거관리위원회, 3,505개의 읍 · 면 · 동 선거관리위원
회의 4단계로 구성되어 있다. 선거관리위원회법에는 특별한

제한을 두지 않았음에도 불구하고 중앙선거관리위원장은 대법관이 겸직해 왔고, 시·도 선거관리위원장은 그 지역 관할 지방법원장이, 구·시·군 선거관리위원장은 그 지역 지방법원 부장판사 중 1인이 위원장을 겸직하고 있다. 선거관리위원회법 제4조 제5항은 공무원 중 선거관리위원회 위원이 될 수 있는 직역을 법관 및 법원공무원과 교육공무원으로 제한하고 있으며, 특히 법관을 우선하여 위촉하도록 정하고 있다.

[그림 4-3] 4단계 선거관리위원회 구성

2021년 10월 1일 기준 중앙선관위원장은 대법관이 겸직하며, 17개 시·도 선관위원장은 각 지역의 지방법원장 또는 부장판사들이 맡고 있다. 그 하부의 249개 구·시·군 선거관리위원장 역시 해당 지역의 지방법원 부장판사가 맡고 있다. (세부 보임현황은 부록 6에 수록) 여기에는 다음과 같은 2가지의 문제점이 있다.

첫째, 각급 선거관리위원회의 위원장을 해당 지역 법관들이 맡고 있기 때문에 선거소송에서 피고가 되는 각급 선거관리위원회는 피고가 아닌 갑의 위치에 있는 것처럼 행동한다. 제21대 총선 인천 연수구을 선거소송의 검증기일 및 재검표에 참관한 경험에 의하면 피고가 되어야 할 지역 선거관리위원장은 검증기일 및 재검표 현장에 참석하지 않았고, 선관위 직원들에게서는 피고다운 긴장감을 전혀 찾아볼 수 없었다. 오히려 소송을 제기한 원고와 소송대리인을 감시하고 제지하는 권력기관의 모습이 역력했다. 선거소송은 중앙선거관리위원회, 시·도 선거관리위원회, 또는 구·시·군 선거관리위원장을 대상으로 제기하도록 되어 있는데, 그 소송의 심판을 맡은 대법관이 피고와 같은 직역의 법관이기 때문에 공정한 소송을 기대하기란 참으로 어렵다.

둘째, 각급 선거관리위원회의 위원장을 법관이 겸직하고 있기 때문에 모두 비상근이며, 따라서 선거관리위원회의 모든 업무는 상근 직원인 선거관리위원회 소속의 상임위원 또는 사무총장(사무처장)의 책임 하에 이루어지고 있다. 이는 외관상으로는 선거관리 업무가 법관의 지휘·감독 아래 엄정히 이루어지는 것처럼 보이지만, 실상은 선관위 직원들에 의해 이루어지는 것이고 법관은 선거소송에서 선관위를 비호하는 우산과 같은 역할을 할 뿐이다.

이상과 같은 문제점은 선거관리위원회법(제4조 제5항)에 '법관을 선거관리위원회에 우선하여 위촉' 하도록 한 법조항에 기인한다. 법에는 각급 선거관리위원회 위원장은 위원 중 호선하도록 되어 있지만, 예외 없이 법관이 선거관리위원장을 맡고 있는 현실을 어떻게 설명할 수 있을까? 최근 법조인들의 일탈을 보면서 법관이 더 이상 청렴하지도 않고 정의롭지도 않다는 것을 알게 된 이상 법관을 선거관리위원회의 위원으로 우선하여 위촉하는 법조문과 법관을 선거관리위원장으로 호선 아닌 호선을 하는 관행에서 벗어날 때가 되었다고 본다.

무엇보다도 선거소송에서 피고가 되는 선거관리위원장을 법관들이 차지함으로써 선거소송이 법률에 명시된 180일을 훨씬 넘기는 일은 막아야 한다. 선거소송은 대법원 단심이지만, 선거 후에는 선거소송만이 있는 것이 아니고, 선거법 위반에 대한 형사소송도 줄을 잇는다. 따라서 선거와 관련된 각종 소송을 담당해야 할 사법 당국에 몸을 담고 있는 모든 현직 공직자는 선거관리위원회로부터 멀어지는 것이 맞다. 선거를 관리하는 각급 선거관리위원회에는 선거와 관련된 소송을 관장하게 될 경찰, 검찰, 사법부의 현직 공무원들을 넣어서는 안 된다. 그래야 선거관리위원회가 법관인 선거관리위원장의 보호에서 벗어나 선거관리라는 본연의 임무에 집중하게 될 것이다. 그러기 위해서는 선거관리위원에는 현직 공무원은 모두 배제하고, 도덕성과 청렴성 그리고 인품을 갖춘 지역 원로 또는 사회지도층 인사들을 전면에 배치해서 제대로 된 선거관리를 해야 한다. 지역에는 명예롭게 퇴직한 선생님, 공무원, 군인들이 다수 있다. 20~30년 이상 국가를 위해 봉사하고 퇴직한 전직 교원, 공무원, 군인들이기에 국가의 부름에 기꺼이 응할 것이고 오랜 공직의 경험을 통해서 올바른 선거관리를 할 수 있을 것이다.

따라서 선거관리위원회의 구성을 다음과 같이 개선한다.

(1) 현재 각급 선거관리위원장은 모두 법관으로 임명되어 있다. 그러나 법관은 선거소송이 제기될 경우 소송을 판결해야 할 위치에 있거나 또는 같은 직역에 있는 신분이다. 따라서 법관, 검찰, 경찰 등 선거소송에 관련될 수 있는 분야의 공무원은 선거관리위원회 구성에서 배제한다. 그렇게 하는 이유는 선거 관련 소송이 제소될 경우, 법에 명시된 180일 이내 신속하고 공정하게 선거소송을 종료하도록 하기 위함이다.

(2) 선거관리위원회 위원에는 현직 공무원은 어느 부처 소속이건 배제하고, 훈·포장을 받고 명예롭게 퇴임한 교원, 공무원, 군인을 선거관리위원회 회원으로 우선 위촉한다. 훈·포장은 국가가 해당자의 인품과 능력을 인정하는 증표이기 때문이다.

08

선거 여론조사 결과 발표를 금지한다

선거 전 각 후보를 지지하는 여론조사가 왜 필요
할까? 각 후보자들로서는 자신의 위치가 어느 정도인지를 알고
선거 전략에 참고하기 위해서 필요할 것이다. 그러나 일반 유
권자들은 왜 필요할까? 다른 사람들이 각 후보를 어떻게 평가
하는지를 알기 위해서일까?

2021년 9월 29일 문화일보에 보도된 '여론조사의 모든 것'이
란 기사에 따르면 선거여론조사가 예년 대비 크게 늘었고, 여
론조사기관마다 조사 방식이 다르기 때문에 여론조사 결과도
다르다고 한다. 결정적으로 여론조사는 전수조사가 불가능한
상황에서 표본을 통해 여론을 추정하는 것이기 때문 구조적인
한계를 지니고 있다고 한다.

선거 여론조사와 관련하여 밴드웨건(bandwagon) 효과와 언더독 (underdog) 효과가 자주 거론된다. 밴드웨건 효과는 뚜렷한 주관이 없는 대중이 투표나 여론조사 등에서 대세를 따르는 현상 또는 승산이 있을 것 같은 후보를 지지하는 경향을 말하고, 언더독 효과는 경쟁에서 열세에 있는 약자를 더 응원하고 지지하는 심리 현상을 뜻하는 사회과학 용어로서, 개싸움에서 아래에 깔린 개를 응원한다는 뜻에서 비롯됐다.

인간은 한 가지 고약한 버릇을 가지고 있다고 한다. 일정량 이상의 정보에 노출되면 더 이상의 정보수집을 거부한 채 자신이 인지하고 있는 범위 내에서 판단하려고 하는 인지적 게으름이 그것이다. 이 이론에 따르면 유권자들은 각 후보들의 공약을 꼼꼼히 들여다보거나 후보 간 토론회를 보고 후보를 선택하거나 판단하기보다는 거의 매일같이 쏟아져 나오는 여론조사에 의존해서 후보를 선택할 가능성이 크다.

선거 여론조사에 대한 또 하나의 우려는 밴드웨건 효과를 이용하려는 힘 있는 정치세력의 여론조작 시도이다. 여론조작을 통해서 본인이 국민적 지지를 받는다는 것을 보여줌으로써 유권자에게 선택을 강요하려는 것이다. 정상적인 국가나 정상적인 유권자라면 이것이 통용되지 않겠지만, 불행히도 우리나라는 이러한 것이 잘 통하는 나라인 것 같다.

그래서 다음과 같은 대책을 제시한다.

(1) 모든 선출직 공무원에 대한 선거 여론조사 결과는 비공개로 하고 신문 또는 방송을 통해서 일반인에게 공개하는 것을 금지한다. 그러나 각 정당 또는 후보자들은 자신의 선거 전략에 여론조사 결과를 반영할 수 있고 선거운동원 및 정당인과의 공유는 허용한다.

(2) 여론조사 결과가 여론에 공표되지 않기 때문에 중앙선거관리위원회가 중앙선거여론조사심의위원회(여심위)를 통해서 시행하던 모든 여론조사 관련 업무를 폐지하고, 여심위도 폐기한다. 향후 선거여론조사는 의뢰인과 여론조사 기관 간 자율적 계약에 따라 시행한다.

09

「선거후 감사(Post Election Audit)」 제도를 도입한다

「선거 후 감사」란 선거 후 일정 선거구를 대상으로 감사를 전문으로 하는 기관에서 선거에 관련된 일체의 사항에 대하여 수행하는 감사를 말한다. 미국 선거관리위원회는 「선거 후 감사」의 실시 목적을 "투표지계수기(election voting tabulator)의 정확한 작동과 규정 및 내부지침 준수 여부를 확인하고 선거관리 과정 전반에 대한 유권자들의 신뢰를 높이기 위함"이라고 기술하고 있다.

선거제도는 나라마다 다르기 때문에 어느 특정 국가의 「선거 후 감사(Post Election Audit)」 제도를 그대로 도입할 수는 없다. 우리의 선거제도에 가장 최적화된 「선거 후 감사」를 설계해야 한다. 그를 위하여 다음과 같은 방안을 제시한다.

(1) 「선거 후 감사」는 감사원 또는 별도의 기구를 신설하여 수
행하되, 법률적 근거를 마련하여 시행한다.

(2) 「선거 후 감사」는 전국단위 선거가 끝난 후 최단 시간 내
에 감사 대상 선거구를 선정하여 감사를 시행한다.

  - 「선거 후 감사」 대상 선거구

    ① 당선자와 낙선자의 득표차이가 근소한 선거구

    ② 선거 기간 부정선거에 관한 첩보 또는 정보가 수집 되고 상당한

      정도로 확인된 선거구

    ③ 무작위로 선택된 선거구

(3) 전국단위 선거 후에는 반드시 일정 비율의 선거구를 선택
하여 「선거 후 감사」를 실시하되 실시 비율은 충분한 연구
를 통하여 정한다.

(4) 「선거 후 감사」의 대상은 다음 사항을 포함한다.

  - 개표를 마친 투표지, 잔여 투표지, 개표에 사용된 모든 기구(전자식 장

    비, 기계식 장비, 선거 과정에 작성된 일체의 기록물)

  - 선거 과정을 촬영한 영상파일과 녹음한 음성파일

  - 투·개표 과정에 관여한 모든 인원에 대한 인적사항 (해당 선거구의 선

거관리위원, 투·개표 사무원, 투·개표 참관인 등)

- 중앙선거관리위원회와 연결된 모든 네크워크의 활동 사항

- 「선거 후 감사」에 필요시 중앙선거관리위원회의 선거전용 서버에 대한
  포렌식

- 기타 「선거 후 감사」에 필요한 사항

(5) 「선거 후 감사」 결과 심각한 오류 또는 불일치가 발생하면 「특별 선거 후 감사팀」을 구성하여 해당 선거구 전체에 대한 특별감사로 전환하고 이를 통하여 명백한 오류와 불법 사항이 확인될 경우, 관련 자료를 검찰로 이관하여 수사로 전환한다.

10

너무 바쁜 중앙선거관리위원회의 업무를 덜어준다

중앙선거관리위원회가 공무원 사회에서 수퍼 갑의 위치를 차지하고 있다는 것은 이미 공공연한 비밀이 되었다. 모든 선출직 공무원을 뽑는 선거를 관리하다 보니, 자연스럽게 선출직 공무원들에 대하여 엄청난 위력을 발휘하고 있고, 부정선거에 대한 의심이 들어도 선거소송을 하지 못하도록 가로막는 정치문화가 만들어지고 있다. 선거소송을 제기하는 것은 선거관리위원회의 권위에 도전하는 것이고, 그것은 국가시스템을 믿지 못하는 것이라는 이상한 논리가 작동되면서 선거소송이 철저히 봉쇄되고 있다.

부록 7에 수록되어 있는 중앙선거관리위원회의 미션과 비전에는 몇 가지 이상한 점이 발견된다. 우선 '좋은 정치를 지향하고 국민과 함께하며 미래를 열어가는 선거관리위원회' 라는 비전이다. 비전문을 접하는 첫 느낌은 "왜 선관위가 좋은 정치를 지향하는가?"이다. 목표 및 중점과제 중 '아름다운 선거문화 확산' 항목이 있고 그 세부 항목에 '신뢰받는 정치문화 확산'이란 항목이 있다. 중앙선거관리위원회는 자신들이 정치에 깊숙이 관여하고 있는 기관이고 그래서 '좋은 정치'와 '정치문화'를 이끌어야 한다고 믿는 것 같다. 하지만 중앙선거관리위원회는 '좋은 정치'가 아닌 '바른 선거'에 집중하고, '정치문화' 아닌 '선거문화'를 잘 이끌어야 하는 기관이다. 중앙선관위 고위직의 머릿속에는 '선거'가 아닌 '정치'가 새겨져 있는 것은 아닐까?

선관위에서 2년 7개월 정도 공익과 사무보조 업무를 했던 어느 젊은이가 인터넷에 남겨 놓은 자신의 경험담을 아래에 소개한다.

"결론은 인원도 없고, 권한도 없고, 돈도 없고, 일은 선거기간에 맞추어서 무조건 해야 하는데 더럽게 많고(선거기간을 네고 할 수 없잖아요), 중앙선관위는 삽질이나 하고 있고(행시, 7급 합격한 애들 데리고 뭐하니..) 남는 건 욕뿐이죠."

중앙선거관리위원회는 왜 인력이 부족할까? 그것은 선거 이외의 영역에 몰두하고 있기 때문일 것이다. 중앙선관위가 선거 이외 어떤 일 때문에 그렇게 바쁘고 할 일이 많은지를 확인해 보기로 한다.

중앙선관위는 자신들의 업무영역을 넓히기 위하여 많은 노력을 해왔다. 그것을 크게 도와준 사람이 다름 아닌 이해찬이다. 1989년 이해찬 중앙위원장의 지시에 따라 최초로 선거관리 기관이 선거법 위반행위에 대한 단속활동을 시작하였고,2) 이후 1992년 선거법 위반행위에 대한 중지·경고·시정명령과 고발·수사의뢰를 할 수 있는 권한을 명문화하는 등 선거범죄 조사권한을 꾸준히 확대해 나갔다. 1994년 이후 선거비용에 대한 확인·조사와 불법시설물 등에 대한 철거·수거·폐쇄명령과 대집행 및 선거범죄에 대한 질문·조사와 증거물 수집, 동행 또는 출석요구 등 실질적으로 선거범죄조사를 할 수 있는 권한을 확보하였다. 2004년부터는 주민투표관리, 2005년부터는 산림조합장 및 농·수·축협조합장선거, 국립대학총장 선거 위탁관리, 2006년부터는 주민소환투표를 관리하는 등 업무영

---

2) 동아시연구원, [EAI 워크숍] 한국 민주주의 스토리텔링 전문가 토론회: 한국 선거 관리와 신생 민주주의 구가에의 시사점, 2021.08.19.

역을 크게 넓혔다. 또한 2012년 제19대 국회의원 선거에서 재외선거제도, 제18대 대통령 선거에서 선상투표제도를 도입하였고, 2013년부터 사전투표제도를 도입하여 2014년 제6회 전국동시지방선거부터 현재와 같은 사전투표가 시행되고 있다. 이처럼 중앙선거관리위원회는 업무영역 확장과 선거범죄에 대한 조사권한을 확대하는데 역량을 집중해 왔다.

한편 중앙선거관리위원회는 지난 2011년 전 세계에 한국의 선진 선거 시스템을 알리고 공정한 선거문화를 전파하겠다는 명분하에 세계선거기관협의회(Association of World Election Bodies, A-WEB) 창설을 제안하였고, 2013년 10월 A-WEB을 국제 민간기구로 공식 출범시켰다. A-WEB의 운영비는 전액 한국 중앙선관위가 부담하는데, 2014년부터 5년간 총 213억 원의 예산을 지원했다. 2015년부터는 '한국 선거제도 해외 전파 사업'을 전개하며 민주콩고, 우즈베키스탄 등 여러 국가를 대상으로 선거 역량 강화, 전자 투개표 시스템 도입을 위한 서버 구축 사업 등을 진행해 왔고 여기에는 국가 예산인 공적개발원조(ODA) 자금까지 투입되었다.

그러나 이처럼 국가 예산이 투입되는 세계선거기관협의회 운영에 대하여 2018년과 2020년 국회 국정감사에서 계속 지적되고 있다. 2018년 당시 자유한국당 홍문표 의원은 특정업체에게 전자투표기에 대한 독점권 알선과 DR콩고에서의 전자투개표기에 의한 부정선거 우려 때문에 대한민국이 국제적으로 망신을 당하고 있다고 지적했고,3) 2020년 더불어민주당 양기대 의원은 한국이 세계선거기관협의회 사업비의 90%를 감당한다고 지적하면서 국제기구 명칭에 알맞은 운영이 필요하다는 의견을 제시하였다.4) UN과 미국을 비롯한 국제사회와 해외언론들도 "후진국들을 대상으로 한 A-WEB의 '한국의 선거제도 해외 전파' 사업은 대상국가의 민주주의에 위협이 되고 있다"는 경고를 보냈다. 니키 헤일리 UN 주재 미국 대사도 2018년 두 차례에 걸쳐 "콩고의 선거는 종이투표로 치러져야 한다."면서 "미국은 전자투표기 사용을 지지할 의사가 없다."고 밝혔다.5)

위에서 살펴 본 바와 같이 중앙선거관리위원회는 본연의 임무인 전국단위 선거를 공정하게 치루는 것 외에 자신들의 영향력

---

3) 홍문표, 자유한국당 "국정감사 보도자료", 2018.10.10.

4) 양기대, 더불어민주당 "보도자료", 2020.10.12.

5) 김진강 기자, [Sky Daily] "선관위 해외국가 상대 비위행위 '권력 배후설' 솔솔", 2018.10.18.

확대를 위해 너무 많은 사업을 벌이고 있다. 선거관리가 주 임무인 기관이 선거범죄 조사를 함께함으로 공명선거 관리보다는 선거범죄 조사에 더 비중을 두는 것은 아닌지 우려된다. 부정선거를 의심하고 주장하는 시민 또는 변호사들을 마치 선거사범인 양 조사를 할 수 있는 것도 이들에게 선거범죄에 대한 질문·조사와 증거물 수집, 동행 또는 출석요구 권한이 주어졌기 때문이다. 선관위 직원들이 가지고 있는 이런 법적 지위는 4·15 선거소송에 피고 자격으로 나와서도 원고측 소송대리인과 참관인을 제지하고 겁박하는 행동으로 나타나고 있다.

이번 4·15 선거소송을 계기로 중앙선거관리위원회는 헌법에 명시된 본연의 모습으로 돌아가야 한다. 그 방법을 제시하면 다음과 같다.

(1) 중앙선관위가 선거범죄조사 권한을 갖고 있는 한, 공명선거에 대한 시민들의 정당한 주장을 귀담아 듣지 않고, 자신들이 관리하는 모든 선거에 관리자로서의 자세가 아닌 조사관의 자세로 임할 것이다. 중앙선거관리위원회에 부여된 선거범죄조사에 관한 모든 권한을 경찰, 검찰 또는 별도의

기관으로 이관하고 선관위는 선거관리에 집중한다.

(2) 현재 한국의 선거 시스템은 큰 위기에 봉착해 있다. 주류 언론은 보도를 하고 있지 않지만 부정선거 여론은 심상치 않다.[6] 우리의 선진 선거시스템을 알리고 공정한 선거문화를 전파하겠다는 명분으로 설립한 A-WEB 운영에서 손을 떼고, 개도국에 대한 선거장비 및 시스템 지원을 전면 중단한다.

(3) 중앙선거관리위원회의 사명 및 비전 등에서 '좋은 정치'와 '정치문화'를 삭제하고 중앙선관위 본연의 임무인 '공명선거'와 '선거문화'에 집중한다.

---

[6] 2021.9.14. 파이낸스투데이는 "부정선거 여론 심상치 않아, 기존언론 쉬쉬해도 알 사람은 다 알아" 제하의 기사에서 다음과 같이 부정선거에 대한 여론조사 결과를 보도했다.

① 4·15 총선의 부정선거 증거에 대한 검찰 수사나 특검이 필요하다.

▲ 동의 43.4%   ▲ 반대 30.4%

② 부정선거의 잡음이 있는 사전투표제를 폐지하고 투표기간을 늘린다.

▲ 동의 40.7%   ▲ 반대 29%

③ 선거소송을 180일 이내 처리해야 함에도 불구하고 이를 지키지 않은 것은 대법원의 직무유기이다.

▲ 동의 58.2%   ▲ 반대 11.3%

이 책은 4 · 15 총선이
부정선거라는 저자의 확신으로부터
시작되었습니다.

이 책을 써 내려가면서 부정선거의 많은 증거들을 독자분들에게 알려야겠다는 생각에서 벗어나기로 했습니다. 조각조각 드러난 부정선거의 증거들을 보여주어도 "에이, 요즘 세상에 부정선거가 어디 있어? 선거관리의 부실이겠지"라고 넘어가는 자칭 지식인들과 하루하루 먹고살기 힘든 분들로 가득 찬 세상에서 누가 부정선거의 증거에 눈을 돌리겠습니까? 2020년 4월 15일 이후 정치권, 중앙선거관리위원회, 대법원, 그리고 언론은 부정선거에 침묵하고 있습니다. 아무리 명확한 증거가 나와도 아무도 관심을 보이고 있지 않습니다.

더불어민주당 대표 시절 이해찬은 당원 대상의 연설에서 '20

년 집권'을 넘어 '50년 집권'을 주장하는가 하면, 2018년 9월 평양을 방문하여 북한 최고인민회의 김영남 상임위원장과 만난 자리에서 장기집권의 의지를 밝히기도 했습니다. 4·15 총선 전 유시민은 자신이 운영하는 유튜브 채널에서 범진보 180석이 불가능한 것은 아니라는 취지의 방송을 했고, 박형준 미래통합당 공동선거대책위원장은 여당의 180석을 저지해 달라는 호소를 했습니다. 투표가 시작되기도 전에 여당의 180석은 공공연한 비밀이었나 봅니다.

한국의 많은 지성인들이 음모론으로 치부하고 있는 미국의 2020년 11월 3일 대통령선거 역시 부정선거 의혹이 아직껏 사라지지 않고 있습니다. 지금도 일부 주에서 재검표가 진행 중에 있습니다. 부정선거는 구시대의 유물이 아닙니다. 어쩌면 더 많은 국가에서 부정선거가 저질러지고 있는지도 모릅니다. 그러나 야당과 국민이 부정선거에 맞서서 강력히 저항하지 않는다면 부정선거는 밝혀지지 않습니다.

이 책은 4·15 총선이 부정선거라는 저자의 확신으로부터 시작되었습니다. 그리고 저자는 6·28 재검표에 참관했던 옥은호, 조슈아, 이두우 그리고 도태우 변호사와 함께 공동으로 대법원을 검찰에 고발했습니다. 대법원에서 감정목적물로 보관 중인 일명 배춧잎 투표지와 이바리 투표지의 이미지를 다각도로 분석한 결과, 감정목적물들이 위조·변조되었다는 디지털 증거를 확보했기 때문입니다. 만일 검찰 수사에 의해 감정목적물이 바뀐 것으로 입증되면 이것은 대장동 개발 비리를 능가하는 초대형 사법비리가 될 것입니다.

2020년 4월 15일에 치러진 21대 국회의원 선거 결과를 누가, 어떤 방식으로, 왜 조작했는지를 밝히지 못하면 대한민국은 남미 또는 아프리카의 3류 국가보다도 못한 미개한 국가로 전락하고 말 것이라는 위기감이 엄습해 오고 있습니다. 이 글을 쓰고 있는 중에도 대한민국은 한 치 앞도 예측할 수 없는 혼돈의 시간이 계속되고 있습니다. 더불어민주당과 국민의힘당의 대선후보 경선에 부정 의혹이 강하게 제기되고 있고, 4·15 총선 재검표는 점점 막장으로 치닫고 있기 때문입니다.

더불어민주당은 사퇴한 후보의 득표를 제외함으로써 문제가 발생했고, 국민의힘당은 2차 경선 자료를 은폐함으로써 문제가 발생했습니다. "투표한 사람은 아무것도 결정하지 못한다. 표를 세는 사람이 모든 것을 결정한다."는 스탈린이 남긴 말이 21세기 대한민국에 그대로 적용되고 있는 심각한 상황입니다.

대법관이 주관하여야 할 재검표는 선거관리위원회의 독무대로 전락하고 있습니다. 재검표 테이블에 선거관리위원회 직원들이 '검증보조' 명찰을 달고 버젓이 앉아서 붙어 있는 투표지들을 손으로 떼어 내면서 전자개표기를 돌리고 있는 장면은 선거관리위원회는 더 이상 선거소송의 피고가 아니라는 것을 강변하고 있는 듯합니다. 이제 대한민국은 부정선거가 일상화된 조폭정치 시대로 후퇴하고 있습니다.

화천대유에 얽혀 있는 권순일 전 대법관이자 중앙선거관리위원장, 4·15 선거소송과 관련하여 법관으로서의 본분을 외면하고 있는 조재연, 민유숙, 오경미, 박정화, 김선수, 노태악 대법관, 그리고 그들을 둘러싼 거대한 법조 카르텔... 그들은 명예와 능력을 다 갖춘 분들인데 어쩌다 정치인들의 아수라판 뒤처리를 떠맡은 법조인이 되었을까요? 그러나 그들이 다는 아닙니다. 클린선거시민행동을 이끄는 유승수 변호사, 부산의 현성삼 변호사, 대구의 도태우 변호사, 천안의 이동환 변호사, 여성 법조인 유정화 변호사와 문수정 변호사, 그리고 황교안 전 대표를 도와 부정선거를 밝히는 데 앞장서고 있는 박주현 변호사 등 젊고 패기 넘치는 변호인들이 부정선거와 싸우고 있습니다. 그들이 대한민국의 희망입니다. 그들이 올바르게 이끄는 바른 세상이 오기를 바라면서 책을 마무리 합니다.

부 록

부정선거 시스템의
실태와 개정 촉구

바실리아TV의 부정선거 검증

1.1 부정선거 조작흐름도

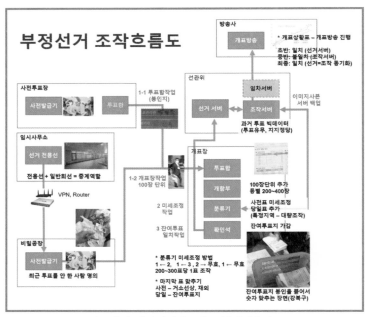

[그림 부-1] 부정선거 흐름도 (바실리아tv)

4 · 15 부정선거를 밝히는데 가장 앞장 선 사람은 유튜브 채널 바실리아TV를 운영하는 조슈아다. 그는 부정선거 조작을 [그림 부−1] '부정선거 조작흐름도'로 설명하였다. 대규모의 부정선거는 사전투표에서 일어났고 임시사무소가 부정선거와 밀접하게 관련되어 있다고 보았다. 투표함 봉인지를 떼어 내고 투표함에 가짜투표지를 넣었으며, 개표장에서도 전자개표기를 이용한 미세한 조정작업이 이루어졌다고 보았다. 선거 전용 서버와는 별개로 부정선거를 위한 조작 서버가 활용되었다고 판단하는 등 전반적인 부정선거 시스템은 본문 제1장 4절에서 제시한 '부정선거 시스템의 실체'와 크게 다르지 않다.

1.2 부정선거 세부 검증

바실리아TV의 조슈아는 중앙선거관리위원회가 발표한 4 · 15 총선거의 개표 결과를 모두 엑셀로 옮겨서 분석하였고, 다음과 같이 4개의 그래프로 구성된 분석 도구를 제시하였다.

4개의 그래프는 ①번부터 ④번까지로 구성되어 있다. ①번 그래프는 중앙선거관리위원회가 발표한 선거 결과에 대한 그래프이다. 이것이 제2장 제2절에서 서울대 박성현 명예교수가 언급한 '신(神)이 미리 그렇게 해주려고 작정하지 않고는 일어날 수 없는' 통계의 결과를 보여주고 있다. ②번 그래프는 선거일 투표에서 각 후보들의 득표율(Y)을 나타낸 것이고, ③번 그래프는 사전투표에서 각 후보들의 득표율(X)을 나타낸 것이다. ④번 그래프는 통계 검증을 위해서 더불어민주당 후보들이 얻은 득표에서 일정한 비율로 득표수를 감소시키면서 사전투표와 선거일투표의 득표율 차이($X - Y$)의 변화와 그에 따른 더불어민주당과 미래통합당의 당선 의석수 변화를 시뮬레이션한 결과를 나타내는 그래프이다. 부정선거를 기획하는 단계에서 선거일투표에 손대기는 어렵기 때문에 사전투표만 조작했을 것으로 가정하고 민주당 후보들이 얻은 득표에 대한 차감은 사전투표에서만 했다.

1.2.1 4 · 15 총선 개표결과 분석

[그림 부-2]는 중앙선관위가 발표한 지역구 개표의 결과이다. 더불어민주당은 사전과 당일의 차이($X - Y$)가 +11%를 중심으로 분포되어 있고, 미래통합당은 −10%를 중심으로 분포되어 있다. 정상적인 통계의 결과는 아니다. 그래서 조슈아는 더불어민주당 후보들이 사전투표에서 얻은 득표에서 일정한 비율

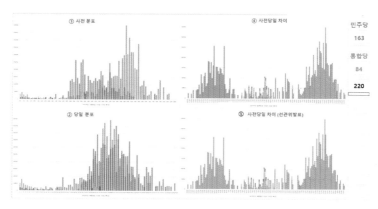

[그림 부-2] 4·15총선의 지역구 개표 결과 분석

로 차감을 시켜 보았다. 부정선거를 기획하는 측의 입장에서 미래통합당 후보가 많은 득표를 할 것으로 예상되는 지역구에는 더불어민주당 후보에게 더 많은 가짜 표를 얹어 주었을 것이기 때문에 미래통합당 후보가 선거일투표에서 얻은 득표를 기준으로 차감할 표의 크기를 결정하였다.

1.2.2 더불어민주당 득표에서 100만표를 차감한 선거 결과

[그림 부-3]은 전체 더불어민주당 후보의 사전투표 득표에서 100만 표를 차감한 결과이다. 중앙선관위가 발표한 ①번 그래프에 비하여 더불어민주당 후보 득표에서 100만 표를 선거구

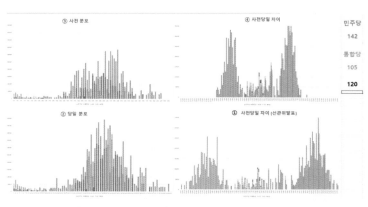

[그림 부-3] 4 · 15총선 지역구 득표 시뮬레이션 (-100만표)

별 일정비율로 차감한 ④번 그래프는 더불어민주당과 미래통합당의 사전과 선거일 간 득표율의 차이가 상당히 감소하여 더불어민주당과 미래통합당의 분포도가 접근하고 있음을 보여주고 있다. 그 결과 더불어민주당은 142석, 미래통합당은 105석의 지역구 의석을 확보하는 것으로 나타나 21석의 지역구 의석이 더불어민주당에서 미래통합당으로 넘어간다는 것을 보여주고 있다.

1.2.3 더불어민주당 득표에서 220만 표를 차감한 선거 결과

전체 더불어민주당 후보의 사전투표 득표에서 220만 표를 차감한 결과는 [그림 부-4]와 같이 나타났다. 완전한 정규분포 모습을 보인다. 그리고 그 결과 더불어민주당은 126석, 미래통합당은 121석의 지역구 의석을 확보하는 것으로 나타났다.

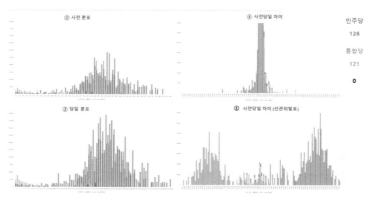

[그림 부-4] 4 · 15총선 지역구 득표 시뮬레이션 (-220만표)

이 시뮬레이션을 통해서 부정선거의 규모를 짐작할 수 있다. 사전투표에서 더불어민주당 후보에게 가짜 표 약 220만 표를 지역구별로 차등하여 추가해 주었고, 그 결과 더불어민주당은 미래통합당에게 돌아갈 37석의 지역구 의석을 빼앗아 올 수 있었다. 이것이 더불어민주당을 중심으로 하는 범여권 180석의 비밀이다.

02

QR코드를 사용하는
중앙선거관리위원회의 억지

2.1 QR코드에 대한 이해

QR코드는 정사각형 내에 검정색과 흰색 점(이것을 module이라 함)으로 구성되어 있는 부호로서 버전 1부터 40까지 다양한 종류가 있다. 가로와 세로 변에 몇 개의 모듈이 들어있느냐에 따라 버전이 결정되는데, 버전 1은 가로와 세로 변에 각각 21개의 모듈이 들어 있고, 버전 40은 177개의 모듈이 들어 있다. QR 코드 내에 module의 개수가 많을수록, 즉 버전이 높을수록 더 많은 정보를 담을 수 있다. 버전 40의 경우 최대 7,089개의 숫자를 담을 수 있다.

QR코드의 버전을 결정하는 요소는 QR코드에 담아야 할 데이터의 종류와 ECL(Error Correction Level, 복원력 수준)이다. ECL(복원력 수준)은 QR코드가 손상되어도 QR코드에 담겨있는

데이터를 복원할 수 있는 기능인데, 복원력 수준을 L(low)로 설정하면 QR코드가 7% 이내 손상되었을 시 데이터를 복원할 수 있다. 최고의 복원력은 H(high)로서 이 경우 QR코드의 30%가 손상되어도 데이터를 복원할 수 있다. 그러나 복원력을 높이면 같은 조건의 QR코드라면 그 안에 저장할 수 있는 데이터의 양은 줄어든다.

[그림 부-5] QR코드 모양

QR Code Error Correction Capability	
Level L	Approx 7%
Level M	Approx 15%
Level Q	Approx 25%
Level H	Approx 30%

[표 부-1] QR코드의 복원력 수준

[표 부-2]는 버전 1~3의 QR코드가 ECL 설정에 따라서 얼마나 많은 데이터를 담을 수 있는지를 보여주는 표이다. 예를 들어 버전 2의 QR코드에 ECL 수준을 L로 설정할 경우, 담을 수 있는 데이터의 총량은 272bit이다. 이 경우 77자리의 숫자를 담거나, 47자리의 알파벳과 숫자를 섞어서 담을 수 있다. 같은 버전 2의

QR코드의 ECL 수준을 H로 올리면, 담을 수 있는 데이터의 총
량은 128bit로 줄어들게 된다. 이 경우 34자리의 숫자, 또는 알
파벳과 숫자를 섞어서 20자리의 데이터를 담을 수 있다.

Version	Modules	ECC Level	Data bits (mixed)	Numeric	Alphanumeric	Binary	Kanji
1	21x21	L	152	41	25	17	10
		M	128	34	20	14	8
		Q	104	27	16	11	7
		H	72	17	10	7	4
2	25x25	L	272	77	47	32	20
		M	224	63	38	26	16
		Q	176	48	29	20	12
		H	128	34	20	14	8
3	29x29	L	440	127	77	53	32
		M	352	101	61	42	26
		Q	272	77	47	32	20
		H	208	58	35	24	15

[표 부-2] QR코드의 버전-복원력 수준-정보저장 용량의 상관관계

2.2 QR코드를 사용하는 중앙선거관리위원회의 변명과 모순

2.2.1 "QR코드는 '2차원 바코드'이고, '2차원 바코드'의 동의
어는 '2차원 막대부호'이므로 QR코드는 법에 규정한 바코드
의 일종이다." 라는 변명에 대하여

'QR코드는 2차원 바코드'이고, '2차원 바코드의 동의어는 2
차원 막대부호'라는 중앙선관위의 주장 중 'QR코드는 2차원

바코드' 라는 주장은 충분한 설득력이 있다. 그러나 '2차원 바코드의 동의어가 2차원 막대부호' 라는 설명은 오직 정보통신용어사전에만 나와 있는 것으로 정보통신용어사전에서 '2차원 바코드' 라는 단어를 찾으면 [그림 부-6]와 같다.

정보통신용어사전에 2차원 바코드의 동의어가 '2차원 막대부호' 로 나와 있는 것은 분명한 사실이다. 그런데 그 밑에는 "특히 2차원 바코드는 암호화가 가능해 멤버십 카드 등 각종 인증 시스템으로도 활용될 수 있으며..." 라는 설명이 포함되어 있다. 중앙선거관리위원회가 '2차원 막대부호가 2차원 바코드와 동의어' 라는 것을 입증하기 위해서 불러온 정보통신용어사전에 'QR코드는 암호화가 가능하다' 는 것을 밝히고 있으니, 이는 혹 떼려다 혹을 붙인 꼴이 된 셈이다.

2차원 바코드, 二次元-, 2-dimensional barcode

동의어 : 2차원 막대 부호

초그만한 사각형 안 가로와 세로 (x, y) 양방향으로 점자, 또는 모자이크식 코드로 표현한 평면 바코드. 따라서 기존 1차원 바코드보다 훨씬 많은 고밀도 정보를 담을 수 있다. 어느 방향으로 스캐너를 들이대도 인식되고, 정보가 훼손되어도 상당 부분 복구가 가능하며, 기존 바코드와 달리 데이터베이스 없이도 그 자체로 해당 정보를 파악할 수 있다. 바코드 자체에 문자, 숫자 등 텍스트는 물론, 그래픽, 사진, 음성, 지문, 서명 등 다양한 형태의 정보를 저장할 수 있어 바코드를 읽기만 하면 그 내용이 컴퓨터 화면에 나타난다. 특히 2차원 바코드는 암호화가 가능해 멤버십 카드 등 각종 인증 시스템으로도 활용될 수 있으며, 휴대폰의 액정에 전달되어 티켓 대신 사용될 수도 있다. 전 세계적으로 이미 표준화되어 있다.

[그림 부-6] 2차원 바코드 (정보통신용어사전)

QR코드는 암호화가 가능하다는 것은 무엇을 말하는 것일까? 이것은 QR코드에 투표자의 개인정보, 예를 들어 주민등록번호를 암호화하여 입력할 수 있다는 의미이다. 이렇게 할 경우, 휴대전화의 QR코드 리더기 또는 일반 QR코드 스캐너로는 암호화된 정보를 읽을 수 없지만 전용스캐너로는 읽을 수 있다. QR코드에 데이터를 암호화하여 입력할 때 설정한 key값(비밀번호)을 전용스캐너에 넣어 주고 QR코드를 스캔하면 일반정보와 함께 암호화된 정보도 읽을 수 있게 되는 것이다. 일본 덴소 웨이브사의 SQRC(Secrete-function equipped QR Code, 암호화 QR코드)가 이런 기능을 가지고 있는데, 공교롭게도 4 · 15 총선에서 사용한 QR코드는 일본 덴소 웨이브사가 개발한 QR코드이다.

2.2.2 "사전투표용지의 폭이 10cm로 좁아서 바코드 대신 QR코드를 사용한다."는 변명에 대하여

[그림 부-7]은 QR코드를 포함한 사전투표용지에 QR코드 대신 같은 31자리 숫자를 담은 바코드를 넣은 것이다. 31자리 숫자를 담은 바코드의 길이는 56mm로서 100mm 폭의 사전투표용지에 들어갈 수 있음이 확인된다. 바코드는 입력한 숫자가

보이기 때문에 비밀투표 원칙에 위반될 수 있다는 우려는 [그림 부–7]에서 볼 수 있듯이 숫자가 보이지 않도록 하는 바코드도 있기 때문에 충분히 해소될 수 있다.

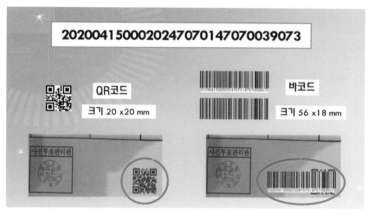

[그림 부–7] 사전투표지의 QR코드와 바코드

2.2.3 "QR코드는 복원력이 있어서 훼손되어도 정보 확인이 가능하다."는 변명에 대하여

사전투표용지에는 버전 2의 QR코드가 사용되고 QR코드에는 31자리 숫자만을 저장하기 때문에 QR코드의 ECL을 H(30%)로 설정해도 31자리 숫자를 저장할 수 있다. 그런데 중앙선거관리위원회는 버전 2의 QR코드 ECL을 L(7%)로 설정하고 있다. 그

럴 경우 QR코드에는 77자리까지 숫자를 담을 수 있다. 31자리 숫자만 담으면 되는 QR코드의 ECL(복원력 수준)을 최하위 수준인 L(7%)로 설정하는 중앙선거관리위원회의 의도는 과연 무엇일까?

중앙선거관리위원회가 QR코드가 훼손되어도 복원력이 있어서 정보 확인이 가능하다고 한 것은 그만큼 QR코드의 복원력 기능이 중요하다는 의미일 것이다. 그렇다면 가능한 QR코드의 복원력을 높게 설정하는 것이 정상적인 업무처리 방식이다. 충분한 여유 용량이 있음에도 불구하고 QR코드의 복원력 수준을 최하위인 L(Low, 7%)로 설정한 것은 31자리 숫자 이외에 더 저장해야 할 데이터가 있기 때문이라는 것을 반증하는 것이다.

03

재검표 현장에서 발견한
부정선거의 증거들(사진)

3.1 기이한 모양의 기표인이 찍힌 사전투표지

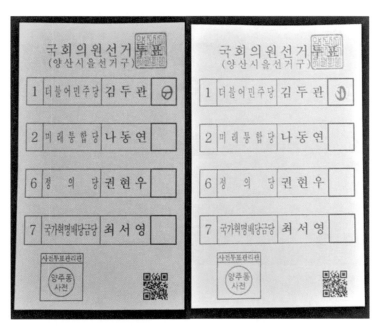

[그림 부-8] 기이한 모양의 기표인이 찍힌 사전투표지

3.2 붙어 있는 투표지

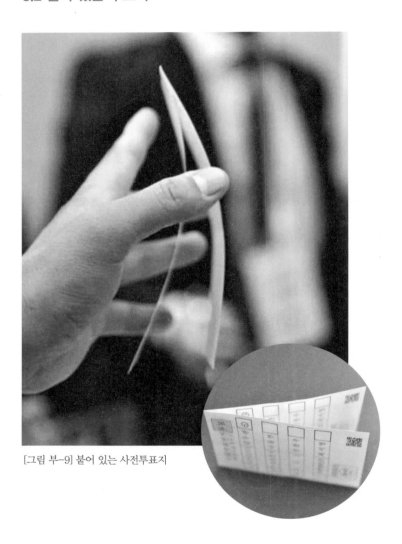

[그림 부-9] 붙어 있는 사전투표지

3.3 신권 다발처럼 빳빳한 투표지 묶음

4.7보궐선거 개표현장 투표지

4.15선거 개표현장 투표지

↳-이렇게 접혀있던 투표지가...

↱-재검표때는 이렇게 빳빳하게 변할수는 없다!

[그림 부-10] 개표현장의 투표지와 재검표현장의 투표지 비교

[그림 부-11] 개표현장 → 증거보전 → 재검표의 투표지 변화

3.4 일명 '일장기 투표지'

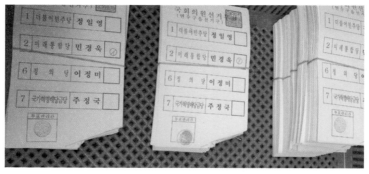

[그림 부-12] 투표관리관 인장이 뭉그러진 일명 '일장기 투표지'

3.5 투표관리관 인장 날인이 안 된 투표지

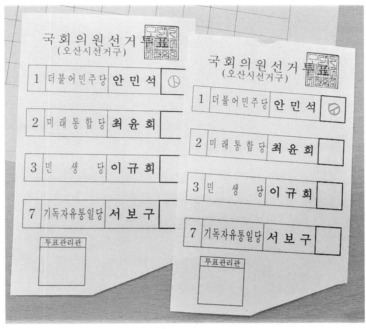

[그림 부-13] 투표관리관 인장 날인이 안 된 투표지

관외사전투표지 배송 의혹

4.1 관외사전투표지의 배송 경로 의혹

　　4 · 15 총선 직후 관외사전투표에 대한 국내우편 배송조회를 통해서 선거우편물이 얼마나 부실하게 다루어졌는지를 보여주는 사례를 하나만 소개한다. [표 부-3]은 하남우체국에서 출발해서 성북구 선거관리위원회까지 배송되는 관외사전투표지에 대한 배송조회 결과이다. 여기서 문제가 되는 것은 배송경로와 배송에 소요되는 시간이다.

정상적인 배송은 하남우체국 → 동서울우편집중국 → 성북우체국을 거쳐 성북 선거관리위원회에 도착하는 [그림 부-14]가될 것이며, 37.3㎞ 거리를 배송하는데 소요되는 시간은 1시간 21분이다.

등기 및 택배 우편물의 배송정보를 조회할 수 있습니다.

▌기본정보

			마스킹(*)해제조회	ⓘ 제한표시에대한 근거
등기번호	보내는분/발송날짜	받는분/수신날짜	취급구분	배달결과
1068810528675	선*우편물 2020.04.11	성*구선거관리위원회 2020.04.12		배달완료

▌배송 진행상황

날짜	시간	발송국	처리현황
2020.04.11	20:57	하남우체국	접수
2020.04.11	21:14	하남우체국	발송
2020.04.11	21:54	동서울우편집중국	도착
2020.04.12	07:34	의정부우편집중국	발송
2020.04.12	08:55	서울성북우체국	도착
2020.04.12	12:33	동서울우편집중국	발송
2020.04.12	12:34	의정부우편집중국	도착
2020.04.12	14:25	서울성북우체국	배달준비 집배원:박춘신
2020.04.12	16:38	서울성북우체국	배달완료 (배달) (수령인:정*경남 - 회사동료)

[표 부-3] 관외사전투표지 우편 배송조회

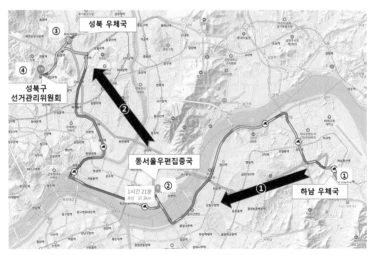

[그림 부-14] 정상 우편배송 경로 (하남우체국→동서울우편집중국→성북우체국→성북선관위)

그러나 실제로 배송된 경로는 [표 부-4]에서 보는 바와 같다. 우편물을 접수한 우체국에서 다음 우체국 또는 선거관리위원회로 발송하는 것이 정상인데, A 우체국에서 접수한 선거우편물이 B 우체국에서 발송한 착오가 3회나 되었다. 그리고 서울을 벗어나 의정부우편집중국을 2회 경유하는 등 정상적인 선거우편물 배송이라고는 도저히 믿을 수 없는 일이 벌어졌다. 이것이 평소 우정사업본부의 업무 수준이라면 심각한 것이고, 부정선거와 연계되어서 이런 일이 벌어졌다면 더 심각한 新국정농단이 될 것이다.

순서	접수(도착)	발송	시간	잘못된 배송경로
1	하남우체국		2020.04.11. 20:57	
2		하남우체국	2020.04.11. 21:14	
3	동서울우편집중국		2020.04.11. 21:54	동서울 접수 의정부 발송
4		의정부우편집중국	2020.04.12. 07:34	
5	서울성북우체국		2020.04.12. 08:55	성북 접수 동서울 발송
6		동서울우편집중국	2020.04.12. 12:33	
7	의정부우편집중국		2020.04.12. 12:34	의정부 접수 성북 발송
8		서울성북우체국	2020.04.12. 14:25	
9	성북구 선거관리위원회		2020.04.12. 16:38	

[표 부-4] 관외사전투표지 우편 배송조회 분석

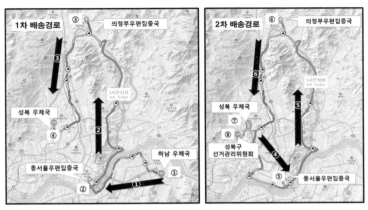

[그림 부-15] 비정상 우편배송 경로 (①하남우체국 → ⑧성북 선거관리위원회)

실제 우편 배송경로를 살펴보면 [그림 부-15]와 같이 1차로 하남우체국 → 동서울우편집중국 → 의정부우편집중국을 거쳐 성북우체국에 선거우편물이 도착하였다. 성북우체국에 도착한 선거우편물은 바로 성북구 선거관리위원회로 보내지면 되는데, 무슨 영문인지 성북우체국을 떠나 동서울우편집중국 → 의정부우편집중국을 거쳐 다시 성북우체국으로 돌아와 성북구 선거관리위원회로 보내지는 2차 배송경로를 거쳤다. 37.3㎞ 거리로 1시간 21분이면 배송 가능한 선거우편물이 148.8㎞를 돌아 3시간 47분이 소요되는 이해할 수 없는 배송 경로를 거쳤다.

4.2 관외사전투표지의 배송 시간 의혹

[표 부-4]에서 굵은 선으로 표시한 구간의 경로는 [그림 부-16]
과 같다. 이 구간은 33.1km 거리로 정상 주행속도로 운행할 경
우 33분이 소요된다. 그런데 우편배송조회를 보면 12:33에 출

발해서 12:34에 도
착한 것으로 되어 있
다. 33Km를 단 1분
에 주파했으니, 번개
배송이다. 이 사항을
재확인하기 위해 우
정사업본부 홈페이
지에서 등기번호를
입력하고 배송조회
를 했지만 더 이상
조회가 되지 않는다.

[그림 부-16]
관외사전투표지의
번개배송 사례

05

투·개표 사무원 관련 공직선거법 개정 촉구 성명서(자유수호포럼)

자유수호포럼		보도자료	
보도일시	2021년 10월 15일(금)	이메일	freeforumk@gmail.com
문의	02)3442-1231/ 010-2307-1948	홈페이지	http://freedomforum.kr

'자유수호포럼'은 공직선거법 개정과 관련하여 국회의장, 중앙선거관리위원회 위원장에게 내용증명을 보내 투·개표 사무원의 사전 공개 조항이 삭제된 과정과 외국인(중국인) 사무원 숫자와 위촉과정을 공개할 것을 촉구했다. 또한 국민의 힘 원내대표 등 국회의원 전원에게 내용증명과 편지를 보내 국민의 힘 정경희 의원 등 53인이 발의한 '공직선거법 일부 개정 법률안'이 조속히 통과되도록 힘써 줄 것을 촉구하였다. 앞으로 '자유수호포럼'은 각 내용증명에 대한 답변 여부와 내용을 주시하면서 공직선거법 개정과 부정선거 방지를 위해 계속 노력하고 투쟁할 것이다.

⟨성명서⟩
다시 한 번 공직선거법 개정을 촉구한다!

종전의 공직선거법은 제147조 9항과 제174조 1항에서 선거 전 3일까지 투·개표 사무원들을 위촉하여 성명을 공고하도록 의무화하고 있었으며, 공직선거의 공정성과 투명성을 확보한다는 것이 이 조항의 취지였다.

하지만, 해당 조항은 2018년 4월 6일 공직선거법 개정을 통해 삭제되었으며, 이 상태에서 2018년 6월 13일 전국 지방선거와 2020년 4월 15일 제21대 국회의원 선거가 치러졌다.

이후 2021년 7월 12일 '국민의 힘' 당 정경희 의원 등 53인은 해당 조항을 복원하기 위해 개정안을 발의하면서, 2018년 공직선거법 개정 당시 해당 조항의 삭제 목적이나 필요성에 관한 논의자료를 찾아볼 수 없었다고 밝히고 있다.

이상의 과정을 종합하면, 국민과 야당이 모르는 가운데 여당이 날치기 개정을 통해 해당 조항을 삭제했고 각급 선관위가 국민에게 알리지 않은 채 임의대로 투개표 사무원을 위촉·

활용한 것으로 의심할 수 있다.

그렇지 않아도 4·15 총선에서 부정 정황들이 드러나고 있는 상황에서 이러한 식의 밀실 법개정은 불필요한 의혹을 촉발할 수 있다.

이에 자유수호포럼은 최근 박병석 국회의장, 노정희 중앙선관위 위원장, 김기현 국민의힘 원내대표, 정경희 국회의원, 박대출 국회의원 등에게 내용증명을 보낸 바가 있다.

박병석 국회의장에게는 2018년 공직선거법 개정을 통해 투·개표 사무원의 성명을 사전 공고하도록 한 조항이 삭제된 과정과 이유를 명백히 밝혀줄 것을 요청하였다.

노정희 위원장에게는 해당 조항이 삭제된 과정을 밝히고 외국인 특히 중국인 선거사무원을 어떻게 몇 명이나 위촉하여 선거사무에 임하게 했는지 공개해 줄 것을 요청하였다.

김기현 원내대표, 정경희 의원, 박대출 의원 등에게는 해당 조항이 삭제된 과정과 이유를 밝힘과 동시에 2022년 대선의 공정성을 담보하기 위해 '공직선거법 일부 개정 법률안(의안번호 11477)'의 조속한 통과에 힘써 줄 것을 촉구하였다.

해당 조항의 삭제 과정이 분명하게 밝혀지지 않는다면, 선관위가 중국인과 특정 좌성향 시민단체 회원들을 임의로 대거 선거사무원으로 위촉했다는 항간의 소문은 더욱 확산될 것이며, 중앙선관위가 부정선거의 주범이었다는 국민적 의혹도 커질 것이다.

이에, 우리 자유수호포럼은 투 · 개표 사무원의 사전 공개, 외국인 선거사무원 위촉 금지, 사전투표 및 전자개표 폐지 등을 위한 공직선거법 개정을 다시 한 번 촉구한다.

여야 국회의원들이 이러한 제도개선 노력을 보이지 않는다면 부정선거를 획책 · 방조하는 범죄자로 의심받을 수 있음을 다시 한 번 엄중히 경고한다.

2021. 10. 15

자유수호포럼

06

각급 선거관리위원장 보임 현황

(2021.10.01. 기준)

구 분	지 역	선관위원장	현 직책
중앙	중앙선거관리위원회	노정희	대법관
17 개 시 · 도	서울특별시	성지용	서울 중앙지방법원장
	부산광역시	전상훈	부산 지방법원장
	대구광역시	황영수	대구 지방법원장
	광주광역시	고영구	광주 지방법원장
	인천광역시	강영수	인천 지방법원장
	대전광역시	최병준	대전 지방법원장
	울산광역시	김우진	울산 지방법원장
	세종특별자치시	구창모	대전지방법원 수석부장판사
	경기도	허부열	수원 지방법원장
	강원도	한창훈	춘천 지방법원장
	충청북도	허용석	청주 지방법원장
	충청남도	신동헌	대전고법 수석부장판사
	전라북도	이재영	전주 지방법원장
	전라남도	최인규	광주고법 수석부장판사
	경상북도	강동명	대구 지방법원 포항지원장
	경상남도	이창형	창원 지방법원장
	제주특별자치도	오석준	제주 지방법원장

[표 부-5] 중앙 및 17개 시 · 도 선거관리위원회 위원장 현황

시·도	구·시·군	선관위원장	현 직책
서울특별시	영등포구	김범준	서울남부지법 부장판사
인천광역시	연수구	김석범	인천지방법원 부장판사
경상남도	양산시	정은조	울산지방법원 부장판사
충청북도	청주시 상당구	임병렬	청주지방법원 부장판사

[표 부-6] 구·시·군 선거관리위원회 위원장 현황(일부)

07

중앙선거관리위원회의 미션과 비전

자료출처: 중앙선거관리위원회 홈페이지

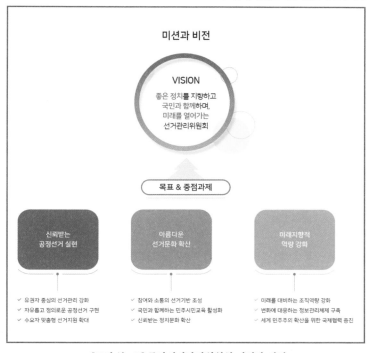

[그림 부-17] 중앙선거관리위원회 미션과 비전

도표 목차
Table of Contents

그림 목차
Table of Contents

4 · 15 부정선거 비밀이 드러나다

초판1쇄 인쇄   2021년 11월 17일
초판2쇄 발행   2021년 12월 10일

지은이   김형철
발행인   이희천
펴낸곳   도서출판 대추나무
디자인 디렉터   오종국 Design CREO

ADD   인천광역시 남동구 문화서로 3번길 14-7, 101호
전화   032-421-5128, 010-8799-1500
팩스   032-422-5128
등록   231-99-00699
ISBN   979-11-967545-8-7 (03340)

정가 16,500원
※ 잘못 만들어진 책은 구입처에서 교환 가능합니다.

"투표한 사람은
아무것도
결정하지 못한다.
표를 세는 사람이
모든 것을 결정한다."

스탈린이 남긴 이 말이
21세기 대한민국에
그대로 적용되고 있는
심각한 상황이다.